掌尚文化

Culture is Future

尚文化·掌天下

河南省哲学社会科学规划项目 (2021CJJ125)

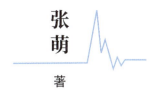

张萌 著

信息泄露与
机构投资者异常交易
——基于中国A股市场的研究

Information Leakage and
Abnormal Transaction of
Institutional Investor

——Research Based on China's
A-Share Market

经济管理出版社
ECONOMY & MANAGEMENT PUBLISHING HOUSE

图书在版编目（CIP）数据

信息泄露与机构投资者异常交易：基于中国 A 股市场的研究/张萌著 . —北京：经济管理
出版社，2022. 9
ISBN 978-7-5096-8729-1

Ⅰ . ①信…　Ⅱ . ①张…　Ⅲ . ①企业情报—影响—机构投资者—股票交易—研究—中国
Ⅳ . ①F832. 51

中国版本图书馆 CIP 数据核字（2022）第 181479 号

策划编辑：张鹤溶
责任编辑：张鹤溶
责任印制：黄章平
责任校对：蔡晓臻

出版发行：经济管理出版社
　　　　　（北京市海淀区北蜂窝 8 号中雅大厦 A 座 11 层　100038）
网　　址：www. E-mp. com. cn
电　　话：（010）51915602
印　　刷：唐山昊达印刷有限公司
经　　销：新华书店
开　　本：720mm×1000mm/16
印　　张：12
字　　数：207 千字
版　　次：2022 年 11 月第 1 版　　2022 年 11 月第 1 次印刷
书　　号：ISBN 978-7-5096-8729-1
定　　价：88. 00 元

前　言

2018 年 5 月，易方达基金管理有限公司、嘉实基金管理有限公司等 6 家基金公司涉嫌内幕交易的案件引发业界关注，涉案基金公司的基金经理通过分析师获悉上市公司董事会秘书传出的内幕消息并从中获利。2011 年，炒作概念股开始盛行，大摩华鑫基金在涉矿概念的华茂股份利好消息公布前提前买入该股票就一度让外界生疑。近年来，A 股市场炒作成风，股价往往在短期内剧烈波动甚至出现"一日游"行情，投资者过度依赖利好和利空消息（甚至假消息），获取内幕消息的知情人往往能获取超额收益或者能避免重大风险，导致信息泄露的问题在我国资本市场屡见不鲜。内幕交易及利用未公开信息交易案的数据逐年增加，尤其是机构投资者参与的内幕交易呈多发态势。信息泄露不可被直接观测，发生时隐蔽不易被察觉，被查处和立案的比率不高。由于数据限制和寻找直接证据困难，学术界关于内幕信息泄露的研究较少，以往文献主要是从内部人角度研究利用内幕信息交易的行为，关于外部人获取内幕消息的研究较少，尤其是缺乏机构投资者利用内幕信息交易的研究。

信息在投资者之间的分布显然不是对称的，诸如大股东等内部人显然具有信息优势，外部的个人投资者则处于信息劣势地位，而同样处于外部的机构投资者，却有可能获取内部人的私有信息而取得信息优势。信息分布的不对称性可能导致财富从信息劣势方向优势方转移。如果提前获取内幕消息的机构投资者赶在利好消息之前买入，能够获得正的超额；在利空消息之前卖出，则能及时止损。个人投资者则可能因为信息劣势，在利好消息之前卖出、利空消息之前买入而蒙受损失。

以往关于机构投资者行为的研究主要是机构投资者利用公开信息的解读优势，通过研究机构持股比例与股票超额收益率等指标变化的关系（Utama and Cready, 1997; Hotchikiss and Strickland, 2003; Ali et al., 2008），或者从季度报告披露的持有量中推断（Ali et al., 2004; Ke and Petroni, 2004; Hribar et al., 2009）。近些年，越来越多的研究尝试围绕特定的公司事件去寻找信息泄露和机构投资者提前获取内幕消息的证据（Irvine et al., 2007; Bodnaruk et al., 2009; Christophe et al., 2010; Ivashina and Sun, 2011; Khan and Lu, 2013; Huang et al., 2020）。因为数据缺乏和寻找直接证据困难，以往少有学者对大股东减持、业绩预告和红利分配前的信息泄露进行研究。那么这些重大事件公告前是否存在信息泄露，机构投资者是否提前获取内幕信息？如果机构投资者根据获取的内幕信息提前交易是否因此而获利，个人投资者是否因此而利益受损？重大事件公告前机构投资者异常交易的影响因素有哪些？本书将依次解决这三个问题。

本书首先基于规范研究法，综合运用有效市场理论和信息不对称理论分析股票市场信息泄露的理论依据。在此基础上，分别对 2012—2020 年 A 股大股东减持、业绩预告和红利分配事件前后机构投资者和个人投资者的异常交易进行研究，其中机构投资者和个人投资者主动买入（卖出）的日交易量数据来自 Wind 股票资金日流向数据库，通过实证研究得出以下结论：大股东减持、业绩预告及红利分配前可能存在信息泄露，机构投资者的异常交易可能是获取了内幕信息。机构投资者在重大事件公告前后获得显著为正的收益，个人投资者的收益显著为负。通过实证研究发现，机构投资者在大股东减持前的超额净卖出与减持股票的估值显著正相关，提前获取内幕信息的机构投资者在业绩预告（好消息）前的累计超额净买入与分析师跟踪显著正相关，在业绩预告（坏消息）前的累计超额净买入与分析师跟踪显著负相关，在红利分配前的累计超额净买入与红利分配比例显著正相关、与信息不对称程度显著正相关。

本书主要特色如下：第一，由于数据的局限和寻找直接证据困难，以往关于内幕信息的研究主要是从内部人的角度出发。本书基于一个新颖的数据集，捕捉到外部人真实的交易行为，从外部人的角度研究内幕信息泄露，寻找我国股票市场信息泄露和机构投资者提前获得内幕信息的间接证据，增加了股票市场外部人获取内幕信息的文献。第二，帮助了解信息泄露在大股东减持、业绩预告、红利分配之前是否具有普遍性，并且发现了股票市场信息泄露的后果，即信息在投资者之间的不对称分布所导致的财富效应，丰富了关于机构投资者和个人投资者之间利益冲突的认识。第三，对监管层改进大股东减持、业绩预告和红利分配的信息披露相关政策有一定借鉴意义。区分机构投资者在公告前的异常交易属于提前获取了内幕信息的发现优势还是对已有公开信息的解释优势，可以排除机构投资者因为专业判断能力所带来的选择干扰，这不同于以往研究机构投资者行为侧重于分析其通过专业判断选股的能力，通过大数据帮助监管层厘清信息泄露和违规交易是否存在，为有效监督和防范提供了证据。

此外，感谢中央财经大学鲁桂华教授、张永珅博士在本书编写过程中提供的帮助。由于作者水平有限，编写时间仓促，所以书中错误和不足之处在所难免，恳请广大读者批评指正。

张萌

2022 年 6 月 1 日

目　录

第一章　绪论

第一节　研究背景与研究目的

一、研究背景

2018年5月，易方达基金管理有限公司、嘉实基金管理有限公司等6家基金公司涉嫌内幕交易的"窝案"① 引发业界关注，涉案基金公司的基金经理通过分析师获取上市公司董事会秘书传出的内幕消息并从中获利，6家公司相继接到中国证券监督管理委员会（以下简称证监会）的行政处罚事先告知书。此案涉及的上市公司广联达科技股份有限公司（002410）在2012年就曾因业绩预告"大幅变脸"，而涉案的基金公司因提前大幅减仓受到提前泄密的质疑。与以往对机

---

① 这里的"窝案"指的是易方达基金管理有限公司、嘉实基金管理有限公司等多家基金管理公司交易同一家上市公司广联达科技股份有限公司的股票，广联达科技股份有限公司的董事会秘书经过券商研究员传导给易方达基金管理有限公司等几家基金公司的基金经理，再由几家公司的基金经理利用该信息实施内幕交易并获利。

构中个人因为"老鼠仓"操作被证监会进行行政处罚不同,这是证监会首次对机构投资者的集体利用内幕消息交易案进行的行政处罚。早在 2011 年,炒作概念股开始盛行,摩根士丹利华鑫基金在涉矿概念的华茂股份在利好消息公布前提前买入该股票一度让外界生疑。2017 年 8 月,证监会查办蝶彩资产管理(上海)股份有限公司(以下简称蝶彩资产)的内幕交易"案中案"罚没逾 1 亿元。蝶彩资产以资产管理的名义与恒康医疗集团股份有限公司的实际控制人阙文彬勾结合谋实施信息操纵,双方约定好利益分配比例,合谋设立资管产品参与交易。通过制造热点,炒作股票抬高股价后高位减持,共同从中谋利。

近些年,股票市场炒作成风,股价往往在短期剧烈波动甚至出现"一日游"行情,投资者过度依赖利好和利空消息(甚至假消息),获取内幕消息的知情人往往能获取超额收益或者能避免重大风险,导致信息泄露的问题在我国资本市场已经相当严重。内幕交易及利用未公开信息交易案的数据逐年增加,尤其是机构投资者参与的内幕交易呈多发态势。机构投资者利用人才优势、信息优势和持股优势联手操纵,对股市的疲态甚至病态也起到了推波助澜的作用,证监会网站(稽查局案情发布)公布的机构投资者参与的内幕交易案也呈上升趋势,尤其是私募基金涉及的违法违规呈多发态势。2017 年,证监会为了规范私募基金领域的市场秩序,专门部署了专项执法行动,促进私募及其他机构行业健康有序发展①。

我国股票市场的信息泄露问题严重,机构投资者参与的内幕交易屡禁不止且呈上升趋势,其高发性对证券市场的危害不言而喻,但被查处和立案的比率却不高。第一,因为内幕交易固有的信息优势,发生时隐蔽不易被察觉,所以寻找证据困难。尤其是一些内幕交易属于"案中案",更为隐蔽复杂,信息传播速度快、范围广,影响和危害更为严重。一些机构抱着"一夜暴富"的侥幸心理,蓄意打探内幕信息并非法牟利。第二,我国证券市场处于新兴转轨阶段,弱的法

---

① 参见证监会网站:http://www.csrc.gov.cn/csrc/c100211/c1452132/content.shtml。

律环境对机会主义者的威慑能力不足，在我国特定的制度环境下，具有资金优势和信息优势的机构投资者的知情交易被发现的概率低且惩罚成本不高。第三，上市公司没有成熟的分红机制，虽然证监会颁布了将分红与融资挂钩的"半强制"分红政策，但现金分红比例仍低于发达国家且分红形式单一，我国中小投资者在证券市场的收益率整体低于发达国家的水平。投资者难以达到预期的稳定收益，证券市场逐渐被各种炒作充斥。中小投资者因为缺乏专业知识、信息匮乏，跟风通过各种渠道获取消息，这就给机构投资者获取内幕消息的投机行为创造了有利条件。

我国股票市场信息泄露的问题已经相当严重，一些机构投资者利用自身的优势获取内幕消息获利，由于获取数据受限及寻找证据困难，以往文献主要是从内部人的角度研究利用内幕消息交易的行为，而从外部人视角对机构投资者利用内幕消息交易的研究较少，特别是缺乏重大内幕消息事件公告发布前机构投资者异常交易的研究。同时，由于信息泄露不可被直接观测，发生时隐蔽不易被察觉，被查处和立案的比率不高，以及寻找直接证据困难，以往关于信息泄露的研究较少。本书试图通过对事件日前后机构投资者的异常交易进行研究，用（超额）净买入作为机构投资者异常交易行为的代理变量，试图推测机构投资者在事件日之前的异常交易是因为提前获取了内幕消息。从宏观层面发现我国股票市场的信息泄露问题，为监管层提供完善立法的方向。

二、研究目的

我国 A 股市场的信息泄露问题日渐突出，机构投资者参与的利用内幕信息交易的案件数量也越来越多，因为寻找证据困难，以往查处的内幕交易案件主体大多是内部人。学术界也因为数据的限制，对内幕信息的研究主要是从内部人角度出发的。机构投资者作为外部人，最有资金优势和人才优势，可能利用自身的优势去获取内幕信息。以往关于机构投资者的行为研究主要是机构投资者利用对公开信息的解释优势精准择股投资，而对于机构投资者提前获取内幕信息的发现优势研究较少，本书将从机构投资者的事前异常交易这一角度出发进行研究，区分机构投资者在公告前的交易属于提前获取了内幕消息的发现优势还是对已有公开信息的解释优势。接下来自然延伸的一个问题是：内幕信息泄露会导致财富出现转移吗？作为提前获取内幕信息的机构投资者是否获利，而处于信息劣势地位的个人投资者在这场博弈中是否受损？机构投资者在事件日前的异常交易影响因素有哪些？本书将依次解决以上三个问题。

第二节　研究意义

一、理论意义

信息在投资者之间的分布显然不是对称的，诸如大股东等内部人显然具有信息优势，外部的个人投资者则处于信息劣势地位，而同样处于外部的机构投资者，却有可能因为资本市场的信息泄露获取内部人的私有信息而具有信息优势。信息分布的不对称性可能导致财富从信息劣势方向优势方转移。如果机构投资者提前获取了企业的利好消息，会赶在公告前提前买入该股票；如果机构投资者提前获取了利空消息，会在公告前提前卖出。不管是提前买入或者卖出，机构投资者在公告前后均能赚取正的超额收益，而个人投资者则可能因为信息劣势接盘而蒙受损失。

已有文献主要是研究大股东、管理层等内部人利用信息优势的自利行为，或者对外部股东的利益侵害（Friederich et al.，2002；Aboody and Kasznik，2000），而本书是研究同样作为外部人的机构投资者能够在信息泄露的股票市场中获取内幕消息并从中受益，只有中小投资者或个人投资者才是资本市场信息泄露问题的受害者，这是本书相对已有文献可能的主要边际贡献。另外，本书帮助了解信息泄露在大股东减持、业绩大幅度增加或者减少、高额红利分配之前是否具有普遍性，增加了股票市场信息泄露和机构投资者知情交易的文献，发现了股票市场信息泄露的后果，即信息在投资者之间的不对称分布所导致财富从个人投资者转移到机构投资者手中，本书将丰富关于机构投资者和个人投资者之间利益冲突的认识。最后，通过事件研究法分别研究大股东减持、业绩预告和红利分配三个具体的事件前机构投资者的"精准"交易行为，可以排除机构投资者因为专业判断能力所带来的选择干扰，这不同于以往研究机构投资者行为侧重于分析其通过专业判断选股的能力，区别了机构投资者的异常交易属于提前获取了内幕消息的发现优势还是对已有公开信息的解释优势。

二、现实意义

经过 30 多年的发展，中国资本市场已经在监管方式、交易规则、制度安排等方面与国际接轨，并且具有国际竞争力的一流市场。但随着市场的发展，资本市场的信息泄露、内幕交易等问题也亟待解决。1993 年，国务院印发了《股票发行与交易管理暂行条例》，开始规范内幕交易的行为；2013 年，国务院颁布的《国务院办公厅关于进一步加强资本市场中小投资者合法权益保护工作的意见》进一步加强了对内幕交易行为的管制，保护了中小投资者的合法权益。我国证监会一直认真贯彻落实党中央的工作要求。2017 年，证监会明确表示，按照中共中央、国务院关于严厉打击资本市场违法活动的决策部署，始终将内幕交易作为稽查执法的重点打击对象，并且将打击内幕交易列为各个监管部门工作的重点。纵观发达国家对内幕交易的治理和打击过程，我国对资本市场信息泄露和内幕交易问题的监管还有很长的路要走。因为内幕交易的隐蔽性和复杂性，随着时间演变出多种新的形势，如近几年的"案中案"、机构联合交易。伴随着监管部门

"零容忍"的态度和不断打击，内幕交易也演变出新的模式。所以，监管部门也要不断对工作进行调整，以适合内幕交易的新变化。本书首次用事件研究法对大股东减持、业绩预告和红利分配前机构投资者的异常交易进行研究，推测机构投资者在企业利好和利空消息公告前可能是提前获取了内幕消息，并且通过异常交易获利，为今后监管部门打击违法违规行为和改进法律法规提供数据支持和实证参考。

党的十八大以来，习近平总书记明确提出要尽快形成投资者合法权益得到有效保护的多层次资本市场体系。保护中小投资者合法权益就是保护资本市场。我国资本市场的个人投资者跟同样是外部人的机构投资者相比处于劣势地位，因为机构投资者具有信息优势、资金优势和人才优势，导致个人投资者在与机构投资者的博弈中处于下风，合法权益受到损害。证券市场的收益是由信息产生的，虽然机构投资者和个人投资者都是外部人没有信息优势，但在监管宽容的环境下，机构与上市公司合谋，利用内部人泄露出的信息实现共赢，或者机构投资者通过更多的途径和证券分析师建立良好关系，从中得到股票的内幕消息。因为我国证券市场的分析师以卖方分析为主，机构投资者是大额成交的主导，分仓佣金的收入机制强化了分析师和机构投资者之间的信息联系，机构投资者的投票也直接影响分析师的晋升通道。保护中小投资者就是保护资本市场，本书通过构建财富效应的模型发现，机构投资者通过提前获取消息获利，个人投资者因此受损，这为监管部门的工作提供了支持和参考，也对个人投资者的保护形成外部监管力量。

第三节 信息泄露的相关概念

一、内幕信息的概念

2014 年，《中华人民共和国证券法》（以下简称《证券法》）第三章第四节

第七十五条规定了内幕信息的含义。内幕信息是指在证券交易活动中，涉及公司的经营、财务或者对该公司证券的市场价格有重大影响的尚未公开的信息。也就是说，内幕信息是影响证券价格的上市公司的重大信息，内幕消息一旦发布，就会导致证券价格严重偏离市场指数，并且导致大盘显著波动。

《证券法》中规定了内幕信息的范围，即公司财务、公司经营、上市公司收购方案、公司治理、国务院证监会规定的其他事项和认定的对证券交易价格有显著影响的其他重要信息五个方面。

具体包括以下内容：①公司财务。如公司发生重大债务和未能清偿到期重大债务的违约情况、公司债务担保的重大变更；公司分配股利或增资的计划；公司营业用主要资产的抵押、出售或者报废一次超过该资产的30%。②公司经营。如公司的经营方针和经营范围的重大变化；公司的重大投资行为和重大的购置财产的决定；公司订立重要合同，可能对公司的资产、负债、权益和经营成果产生重要影响；公司发生重大亏损或者重大损失；公司生产经营的外部条件发生重大变化。③上市公司收购方案。如公司减资、合并、分立、解散及申请破产的决定。④公司治理。如公司的董事、1/3以上监事或者经理发生变动；公司股权结构的重大变化；持有公司5%以上股份的股东或实际控制人，其持有股份或者控制公司的情况发生较大变化；涉及公司的重大诉讼，股东大会、董事会决议被依法撤销或者宣告无效；公司涉嫌违法被司法机关立案调查，公司董事、监事、高级管理人员涉嫌犯罪被司法机关采取强制措施；公司的董事、监事、高级管理人员的行为可能依法承担重大损害赔偿责任。⑤国务院证券监督管理机构规定的其他事项和认定的对证券交易价格有显著影响的其他重要信息。

内幕信息有两个特征：重大性和未公开性。重大性指的是如果信息一旦公布，将会对证券的市场价格产生重大影响，重大信息具有价格敏感性。重大性的认定是如果内幕消息被泄露，并且被知情者利用，会对证券市场产生重大的影响，使大盘剧烈波动。未公开性指的是内幕消息只被有限的人员掌握，投资者只能通过公开披露的方式或其他合法的途径知晓，如监管部门指定的网站或者新闻媒体等方式，该信息处于秘密状态。

二、内幕信息的知情人

内幕消息的知情人指的是知晓尚未公开的对证券市场价格有重大影响的消息的人。内幕信息知情人是泄露内幕信息违法行为的主体，可以分为两类：

一类是内幕人，主要包括以下三种：①因为职务关系能接触到公司的内幕消息的人。如公司的董事、监事、高管、持有公司5%以上股份的股东、公司实际控制人，也包括一些因为工作关系能接触到内部消息的人员，如打字员等。②业务内幕人员，即因为工作与公司之间有往来关系，能接触到公司内部的消息的人。如承销的证券公司、律师、保荐人、发行人聘请的会计师、证券服务机构的工作人员等。③政府内幕人员，是政府作为监管角色直接能接触公司内幕消息的人。如证券监管机构、税务工商、证券登记结算机构、审批机关、证券交易所等的工作人员。

另一类是非内幕人，主要包括以下两种：①通过利益交换、骗取、窃听等非法手段从内幕人手中获取内幕消息。②通过微信、聊天等道听途说的方式非主动获取内幕消息。《中华人民共和国刑法》（以下简称《刑法》）对此类人违法情节的严重程度均有不同力度的处罚。

三、内幕信息泄露

根据《证券法》，内幕信息泄露的行为是内幕信息的知情人把内幕消息传递给第三方，具体来说，就是知晓内幕信息的知情人将内幕消息通过故意传播或者无意泄露的方式透露给第三人，使其通过内幕信息交易或者将内幕消息再传播给其他人的行为。内幕信息泄露的行为分为两个层面：一是时间层面，内幕消息泄露的行为是把处于机密状态的信息提前透露给非知情人，提前了内幕消息的机密期限。价格敏感期指的是内幕信息从形成到不再对证券价格有很大的影响为止。二是空间层面，内幕消息在少数非内幕人之间的传递，扩大了知情人的范围。内幕信息泄露的形式包括口头和非口头的，口头的方式包括电话、微信语音等，非口头的形式有复印、拍摄等。目前，证券市场利用现在流行的社交媒体方式泄露信息，只要是非知情人获取了部分或者全部的内幕信息，都属于内幕信息泄露行为。

内幕信息泄露的行为根据行为人的意愿可以分为违法泄密和被动泄密。违法泄密指的是行为人为了谋取私利或者其他目的，提前通过各种途径将内幕信息泄露给第三方的违法行为。违法泄密具有目的非法和手段非法两个特点，目的非法指的是泄露信息的行为人为了谋取私利，主观目的不是违反法律法规，手段非法指的是泄露内幕信息利用的手段是违反法律法规的。泄露信息的行为极为隐蔽，依靠现在的侦查手段很难侦查，寻找证据也有难度，这种行为降低了获利的成本，也带来了更大收益。被动泄密指的是非内幕人偶然偷听或者看到了内幕消息，泄露信息的主体并不是为了谋利，泄露信息的目的和手段都不是违法的。内幕消息的泄露没有违背保密义务，属于意外或者非抗性泄密。非内幕人获取信息的手段包括偶然或者无意看到了内幕信息的相关资料、偷听或窃听到内幕人的谈话、捡到内幕人遗失的资料，泄露信息的主体人没有主观泄密的动机。

四、内幕信息泄露与内幕交易的区别与联系

内幕信息泄露的概念上文已做解释，在此不再赘述。内幕交易指的是所有利用内幕信息进行交易的行为，包括两类：一是直接交易，即内幕消息的知情人直接利用内幕消息交易为自己谋利；二是间接交易，即内幕消息的知情人把消息传给他人或者建议他人买卖。内幕交易行为应包含三个构成要件：内幕信息、内幕人（内幕交易的行为主体）和内幕交易行为。如果某一行为满足了上述三个构

成要件，就可能构成内幕交易。

从《证券法》对两者的认定中可以看出既有区别又有联系，内幕信息泄露和内幕交易的联系是：①主体构成相同。《刑法》第一百八十条对内幕信息泄露和内幕交易罪做了主体认定，即"证券、期货交易内幕信息的知情人员或者非法获取证券、期货交易内幕信息的人员"。②行为期限相同。都是内幕消息在保密期内形成，内幕交易和内幕信息泄露都是发生在公开之前。③行为原因相同。内幕信息可以用来谋利是内幕交易和内幕信息泄露的诱发因素，对于同一案件中的内幕交易和内幕信息泄露针对的是同一个内幕信息。

内幕信息泄露和内幕交易的区别是：①行为认定不同。内幕交易的认定核心是利用内幕消息交易的违法行为产生，而不强调内幕消息如何传播；内幕信息泄露的认定核心是内幕消息泄露的过程，而不强调内幕人的交易过程。②行为结果不同。内幕交易的结果是自己谋取私利；内幕信息泄露是不遵守上市公司内幕消息保密的规定，损害了公司集体利益。③行为分类不同。内幕交易是内幕消息的主体直接参与证券买卖；而内幕信息泄露的主体不一定直接或者间接参与内幕交易。

第四节　研究思路与研究内容

一、研究思路

本书对股票市场的信息泄露和机构投资者提前获取内幕信息的异常交易行为进行研究，结合我国证券市场机构投资者参与内幕交易高发的现状，首先，选取典型的事件进行研究。手动整理了 2012—2020 年证监会和司法机关查处的内幕交易案件，并对内幕信息进行分类，统计结果表明排在前五位的是并购重组类、重大财务报告信息类、分红派现转增类、股权变更信息类、重大投资经营类。并购重组类国内已有学者研究，那么选取分类排在第二、第三和第四位的内幕信息进行研究，即大股东减持、业绩预告和红利分配。

其次，信息泄露不可被直接观测，发生时隐蔽不易被察觉，被查处和立案的比率不高，以往查处的内幕交易案件主体大多是内部人。学术界也因为数据的限制和寻找直接证据困难，关于信息泄露的研究较少；并且以往关于机构投资者的行为研究主要是机构投资者利用对公开信息的解释优势精准择股投资，而对于机构投资者提前获取内幕信息的发现优势研究较少。因此，本书的难点在于寻找机构投资者提前获取内幕交易信息的直接证据，很难区分机构投资者在公告前的交易行为属于提前获取了内幕消息的发现优势还是对已有公开信息的解释优势。本书通过事件研究法，用（超额）净买入作为机构投资者异常交易的代理变量，利用 Wind 数据库的投资者资金流向数据库，把投资者分为具体的机构投资者、中型投资者和个人投资者，用机构投资者每日的交易数据，分析事件日前后机构投资者高于平时平均水平的买入量或者卖出量（异常交易量），并对比事件日前后股票的累计超额收益率（Cumulative Abnormal Return，CAR）和超额收益率（Abnormal Return，AR），分析机构投资者的择时行为。接下来，把事件涉及的金额按照大小分类，如将大股东减持分为减持比例高和减持比例低来判断不同的利益条件下机构投资者的异常交易量，并根据机构投资者的异常交易量分组计算累计超额收益率，以此推测机构择股是否正确。再通过对事件日之前机构跟踪调研次数高低和机构投资者异常交易之间的关系进行分析，推测机构跟踪调研可能是机构投资者获取内幕消息的渠道。

再次，需要考虑机构投资者提前获取内幕信息的经济后果是什么。也就是说，信息泄露是否会导致财富从作为信息劣势方的个人投资者转移到提前获取内幕消息的机构投资者手中。通过构建收益模型分别计算大股东减持、业绩预告、

信息泄露与机构投资者异常交易

红利分配前后机构投资者和个人投资者的收益（损失），分析内幕信息泄露导致的财富效应。

最后，需要解决的问题是什么情况下更容易出现信息泄露，即事件日之前机构投资者的异常交易量在什么情况下更高。考虑到信息泄露的诱因是利益，因此减持金额高、业绩变化大、分红金额高的影响性较大，并且分析师跟踪也是机构投资者获取内幕消息的渠道，会对机构投资者的异常交易产生影响。所以，本书针对这些影响因素构建回归模型分析对机构投资者异常交易量的影响。本书的逻辑框架如图 1-1 所示。

二、研究内容

本书的研究内容主要包括：

全书总共分为七章，内容如下：

第一章，绪论。提出研究背景和研究目的、研究意义、内幕信息泄露概念界定、研究思路和研究内容、研究贡献，引出研究框架。

第二章，相关理论与文献综述。提出与股票市场信息泄露相关的基本理论，包括有效市场理论和信息不对称理论，然后对国内外股票市场与内幕信息相关的文献进行总结，包括内部人利用内幕消息交易的相关文献、股票市场信息泄露与机构投资者知情交易的文献，国内与国外的研究一致。以往文献主要是从内部人角度研究内幕信息，少有学者研究内幕消息泄露给外部人，从外部人角度研究内幕信息的获取。本书的研究将填补以往文献的空白。

第三章，制度背景。主要介绍了我国证券市场信息泄露监管制度的阶段演进，提出目前内幕信息监管体系存在的问题。对本书研究的股票市场信息泄露三个具体事件的相关制度法规变迁进行总结，论述了减持新规与信息泄露相关的制度缺陷、业绩预告制度与信息泄露相关的制度缺陷、股利监管制度与信息泄露相关的制度缺陷。从制度背景上寻找本书论证的依据，并对监管层提出完善制度法规的方向。

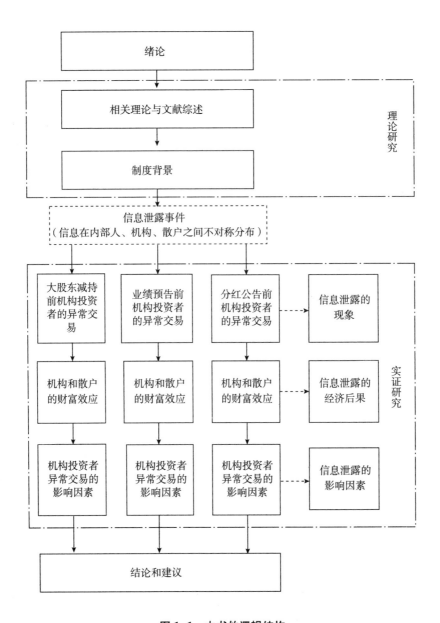

图 1-1　本书的逻辑结构

第四章，大股东减持前的信息泄露与机构投资者异常交易。对 2012—2020

年 A 股大股东减持前后机构投资者和个人投资者的（超额）净买入和股票超额收益率进行研究，发现机构投资者能精准地择时交易、择股交易，机构投资者在大股东减持前的异常交易可能是因为获取了内幕消息；并且相对于机构调研次数低的公司，机构投资者对跟踪调研次数高的公司的异常交易量更高，这可能是机构投资者获取内幕消息的渠道。通过构建收益模型发现机构投资者能获得显著为正的收益，个人投资者获得显著为负的收益。最后通过实证研究发现，提前获取内幕消息的机构投资者，在大股东减持前的累计（超额）净买入与大股东减持的规模负相关、与减持股票的估值负相关。

第五章，业绩预告前的信息泄露和机构投资者异常交易。对 2012—2020 年 A 股公司业绩预告前后机构投资者和个人投资者的（超额）净买入和股票超额收益率进行研究，发现机构投资者能精准地择时交易、择股交易，机构投资者在业绩预告前的异常交易可能是因为获取了内幕消息；并且相对于机构调研次数低的公司，机构投资者对跟踪调研次数高的公司的异常交易量更高，这可能是机构投资者获取内幕消息的渠道。通过构建收益模型发现机构投资者能获得显著为正的收益，个人投资者获得显著为负的收益。最后研究了业绩预告前分析师跟踪对机构投资者异常交易量的影响，发现业绩预告是好消息的时候，公告前分析师跟踪与机构投资者的累计（超额）净买入显著正相关；业绩预告是坏消息的时候，公告前分析师跟踪与机构投资者的累计（超额）净买入显著负相关。

第六章，红利分配前的信息泄露和机构投资者异常交易。对 2012—2020 年 A 股分红公告前后机构投资者和个人投资者的（超额）净买入和股票超额收益率进行研究，发现机构投资者能精准地择时交易、择股交易，机构投资者可能提前获取了内幕消息；并且相对于机构调研次数低的公司，机构投资者对跟踪调研次数高的公司的异常交易量更高，这可能是机构投资者获取内幕消息的渠道。通过构建收益模型发现机构投资者能获得显著为正的收益，个人投资者获得显著为负的收益。最后研究了分红比例和信息不对称程度对机构投资者异常交易量的影响，发现分红比例与机构投资者的累计（超额）净买入显著正相关，信息不对称程度与机构投资者的累计（超额）净买入显著正相关。

第七章，结论和建议。从法律层面、上市公司制度建设以及内幕交易监控技术的角度提出完善内幕交易监管的政策建议。

第五节　研究贡献

本书的研究特色在于通过事件研究法对大股东减持、业绩预告、红利分配这三个事件前后机构投资者的异常交易进行研究，分析机构投资者在事件公告前的异常交易可能是提前获取了内幕信息，并且构建了财富效应模型分析股票市场信息泄露导致的财富转移，最后分析公告前机构投资者异常交易的影响因素。本书的研究样本打破了以往研究仅仅是对内幕交易具体的案例进行分析的局限，将其扩展到发生重大事件的部分上市公司，由于有些利用信息泄露进行交易的没有被查处，研究样本的扩大使得结论更符合实际。本书的研究贡献有以下几点：

第一，以往关于内幕信息的研究主要从内部人的角度出发，研究内部人利用内幕消息交易的行为，本书从外部人的角度研究内幕信息的泄露。由于寻找证据和获取数据困难，利用一个新颖的数据集捕捉到机构投资者的真实交易行为，用机构投资者的（超额）净买入作为代理变量，分析机构投资者在事件日前后的异常交易。不同于以往主要研究机构投资者对于公开信息的解释优势，本书主要研究机构投资者获取内幕消息的发现优势，并且通过研究机构跟踪调研与机构投资者异常交易之间的关系，帮助大众获悉机构投资者内幕信息的来源和渠道。

第二，本书帮助了解信息泄露在大股东减持、业绩预告、红利分配之前是否具有普遍性，增加了股票市场信息泄露和机构投资者利用内幕消息交易的文献，并且发现了股票市场信息泄露的后果，即信息在投资者之间的不对称分布所导致财富从个人投资者转移到机构投资者手中。国内关于机构投资者和个人投资者之间财富效应的相关文献较少，本书将丰富关于机构投资者和个人投资者之间利益冲突的认识，增加不同投资者之间博弈的文献。

第三，对监管层改进大股东减持、业绩预告和红利分配的相关政策有一定借鉴意义。因为如果不存在内幕信息的泄露，单凭机构投资者本身通过较高的专业水平分析判断，也不能确定重大事件信息披露的准确时间。因此，通过事件研究法分别研究大股东减持、业绩预告和红利分配三个具体的事件前机构投资者的"精准"择时行为和择股行为，可以排除机构投资者因为专业判断能力所带来的选择干扰，这不同于以往研究机构投资者行为侧重于分析其通过专业判断选股的能力，本书帮助监管层推测重大事件前机构投资者可能获取了内幕消息，通过大数据帮助监管层厘清信息泄露和违规交易是否存在，为有效监督和防范提供了证据。

第二章 相关理论与文献综述

第一节 股票市场信息泄露的基本理论

近年来，股票市场信息泄露的问题越来越引起有关人员的重视，股票市场的信息泄露不仅是现实问题，也是学术界研究的难题，为了更好地研究股票市场信息泄露的问题，本章将从有效市场理论和信息不对称理论进行分析，并对国内外关于内幕消息的相关文献进行总结。

一、有效市场理论与股票市场的信息泄露

1. 有效市场理论

有效市场理论即有效市场假说（The Efficient Markets Hypothesis），如果市场上的信息对股票价格的影响是迅速且完全充分的，那么就认为市场是有效的，或者说市场具有信息效率；反之，如果信息对股价的影响是迟缓或者不充分的，说明市场是无效的。信息对股价的影响路径包括信息传播速度和信息量大小两方

面。有效市场理论最早源于 Bachelier（1964）在其《投机理论》一文中提出的"股票价格行为的规律是公平游戏"，他认为"市场收益是独立同分布的随机变量"，这一开创的理论当时并未引起关注。直到 1970 年，Fama 正式提出了"有效资本市场"理论，他认为有效市场理论是在市场参与者对各种信息集合是完全知情的情况下，价格完全反映所有的可得信息。Fama 认为，市场上的各种交易者是聪明且知情的，股票市场的价格能充分反映市场上的各种信息，交易者能获取市场上所有的信息，最终交易者是不能长时间战胜市场的。Jensen（1978）在前人研究的基础上，把有效市场的假说加入成本因素，他认为有效市场理论是通过严格的实证检验来支持的。

Roberts（1959）首次提出把市场效率分类，后来 Fama 也把市场效率分成三类：弱式有效（Weak Form Efficiency）市场、半强式有效（Semi Strong Form Efficiency）市场和强式有效（Strong Form Efficiency）市场。在弱式有效市场下，股票价格充分反映了过去的信息，过去的信息对于评估未来的证券变化没有帮助，投资者无法通过过去的信息获取超额收益。在半强式有效市场下，股票价格已经充分反映了所有公开可获得的信息，如企业定期披露的年报，公开的信息不会影响证券价格的变化，投资者不能通过对基本面的分析和预测未来价格变化而获取超额收益，也就是说在半强式有效市场下，所有公开发布的信息已经被股价充分吸收。在强式有效市场下，证券价格已经充分反映了所有公开发布的信息和公司的内幕消息，这些信息对证券价格变动没有影响，投资者不能通过掌握的信息获取持久的利润，也就是说这些信息不能帮助投资者做决策。Ball 和 Brown（1968）、Keown 和 Pinkerton（1981）等研究表明，纽约证券市场属于半强式有效市场。

2. 基于有效市场理论的股票市场信息泄露分析

市场有效性即股票的价格能充分反映市场的信息，市场具有信息效率，信息传播的速度越快，市场越有效。个人投资者接收到的信息是公司公开披露的信息，在有效的市场下，信息传播的速度快并且范围广，股票价格充分反映了外部投资者可以接收的所有信息。接收专业分析人员信息的外部投资者接收到的信息是机构等经过专业分析后传递的信息，来源仍然是公开渠道，经过专业分析的深加工，把财务报告等公开信息经过专业解读传递给外部投资者。依靠派生信息的外部投资者在目前我国股票市场"炒作"和"内幕消息"泛滥的大环境下出现的越来越多。他们获取信息的方式有以下三种：一是通过知情的内部人无意中泄露或者为了获利故意泄露的方式获取内幕消息；二是通过判断了解内幕消息的内部人的行为推测信息同步买入或者卖出；三是通过观察股价变化和交易数据，分析已有的财务数据和相关信息，推测出自己认为能解释估计变动的新信息。

Hanson 等（2004）认为，利用内幕消息交易的行为削弱了市场的有效性，破坏了证券市场健康稳定发展的环境。公司的高管、董事作为内部人具有信息优势，能第一时间获取公司的内幕消息，而外部投资者不具有信息优势。外部投资者为了获利想要获取内幕消息，内部人为了获利会把内幕消息泄露给外部投资者，或者无意泄露给外部投资者，在这种情况下，证券市场的信息泄露会导致证券价格有效性降低。原因有以下两点：一是由于知情的内部人将内幕消息泄露给外部人，信息在交易者之间的分布不是均匀的。二是内幕消息从知情人泄露给外部人，导致市场竞争的有效性损失。这导致了证券市场有效性和价格竞争性的降低。利用内幕信息操纵股票价格，向不知情者发出错误的信号影响其决策，有利于知情者进行清仓获利。

二、信息不对称理论与股票市场的信息泄露

1. 信息不对称理论

信息不对称理论最早是信息经济学的研究理论，Knight（1921）在他的著作《风险、不确定性和利润》中提出，"信息是一种商品，具有成本和价值的属

性"。1970年之后，学者们提出新的研究理论，市场上的参与者获得的信息不是完全对称和均匀的，这个研究理论与之前的古典经济学假设的信息是完全充分的理论不同，称信息不对称会造成市场失灵。George（1970）提出了"柠檬市场"（Lemon Market）理论，即市场缺乏效率、不均衡的原因是买方和卖方之间信息不对称。在这种情况下，逆向选择会造成"劣币驱逐良币"，而"显示性信息"的传递可以避免逆向选择问题。后来，信息不对称理论继续发展，一些学者将信息不对称理论运用到劳动市场上，用信号传递模型解决劳动市场上的问题，即知情者可能将私有信息传递给不知情者，虽然这个传递是有成本的过程，但是能避免逆向选择问题，提高市场效率，如劳动市场上雇员的受教育程度就可以传递自身有能力的信号。

资本市场的信息是不对称的，资本市场的资源配置依赖于获取的信息，资本市场作为资源配置的场所，只有最大限度地缓解信息不对称、保证信息充分被参与者获取和使用，才能实现资源最优配置。资本市场的针对内幕交易和信息泄露的法律本质上是解决信息不对称问题，只有解决了信息不对称问题，才能有效缓解内部人和外部投资者之间的矛盾，保护中小投资者的利益，使中小投资者能充分有效地获取信息。

从我国目前的证券市场来看，各种概念股炒作盛行，机构投资者和散户等外部投资者为了利益通过各种渠道获取内幕消息，因此证券市场的信息泄露问题亟待解决，证监会颁布了一系列法律法规来规范目前的市场环境，但目前证券市场的本质问题是信息不对称问题。目前存在以下信息披露问题：上市公司定期披露的报告不及时、不准确，信息披露存在误导性和错误陈述，对于重大事项刻意隐瞒不披露等。胡光志（2002）认为，我国股票市场存在信息不对称的原因有以下三点：一是信息传递有时间先后，导致内部人先获得内幕信息，外部人滞后获得消息。二是信息接触的有限性，只有内部人能首先接触信息，而外部人没有机会接触信息。三是信息发布人的时空优势，即信息发布人有优先获得信息的优势。

信息不对称主要先对中小投资者产生影响，产生了委托代理问题。管理层作为内部人为了自身利益利用内幕消息交易获利，并且阻止信息传递给中小投资者，选择不披露某些信息。内部人为了获取更多的利益，将信息故意泄露给机构投资者，双方合谋获取更大利益。中小投资者作为外部投资者的主要组成部分只能通过公开披露的公司信息分析去投资，内部人和机构投资者的自利行为导致中小投资者利益受损。

2. 基于信息不对称理论的股票市场信息泄露问题分析

从证券市场来看，信息不对称的主要问题是内部人和外部人之间的问题，内部人具有信息优势，机构投资者等外部人处于信息劣势地位，机构投资者为了获取内幕消息与内部人合谋共同获利，或者通过私人关系获得内幕消息，这就造成了股票市场的信息泄露。信息分布的不对称性可能导致财富从信息劣势方向优势方转移，即内部人利用信息优势获得超额收益，机构投资者作为获取内幕消息的一方也能获得超额收益，而不具有信息优势的个人投资者的利益会受损。Aboody和Kasznik（2000）对1985—1997年利用内幕消息交易的行为进行研究，发现研究与发展（Research and Development，R&D）是内幕交易收益的来源，R&D集中的公司比其他公司通过内幕交易获得的收益更高，并且发现内部人利用R&D预算的内幕消息交易获利。当今随着移动互联网的发展，微信等新型内幕交易方式也屡见不鲜，分析师通过短信、邮件、微信等非正式形式发送上市公司非公开信息和内幕信息。与上市公司保持紧密联系，提前获知重大信息，也被认为是分析师的"一大竞争法宝"。

从信息传递的视角来看，股票市场的信息泄露的存在有以下两个条件：一是市场上的交易者拥有的信息数量和质量不同；二是交易者之间存在的信息不对称情况无法被完全控制。因此，基于以上两个条件，上市公司的高管、董事等内部人比机构投资者和散户等外部投资者更具有信息优势，内部人能提前获取信息，并且获取信息的成本很低，而外部投资者无论是从获取信息的时间先后还是信息的质量来说都不占优势，这种不对称的情况是无法克服的。机构投资者是外部投资者中最具有金钱、人力和资源优势的，可能通过各种途径从内部人手中获取内幕消息。内部人本身获取的信息所付出的成本很低，有时也会将信息泄露给机构投资者，这种泄露可能是信息无意被内部人通过谈话、微信等方式泄露出去的，也可能是为了跟机构投资者合谋获得更大的利润而故意泄露的。因此，当上市公司在公布好消息之前，获取内幕消息的机构投资者会提前买入；当上市公司公布坏消息之前，获取内幕消息的机构投资者会提前卖出。股票市场的信息泄露是内部人和外部人信息不对称导致的，而这种信息不对称又是因为上市公司的公司治理，如薪酬激励不足等原因导致的，所以从公司治理角度解决上市公司的问题可能是缓解信息不对称导致的股票市场信息泄露问题的重要途径。

第二节　国外股票市场内幕消息相关文献回顾

国外关于内幕消息的文献主要是与主体（内部人）有关的，即内部人利用内幕消息交易的相关文献，较少研究内幕消息泄露给外部人，从外部人角度研究股票市场。主要是因为内幕消息泄露的相关研究寻找证据困难、数据获取困难，因此相关研究起步晚，这方面的文献较少，与本书相关的研究是股票市场信息泄露与机构投资者的知情交易文献。本书对内部人利用内幕消息交易、股票市场信息泄露与机构投资者知情交易这两个方面的文献进行总结。

一、内部人利用内幕消息交易的文献

1. 内部人利用内幕消息获得超额收益

一方面学者研究内部人利用内幕消息能获得超额收益。Jaffe（1974）用事件研究法进行研究，发现内部人利用内幕消息能获得超额收益，扣除了交易成本仍然能获得 5% 的超额收益。Jaffe（1974）利用 CAPM 模型对 1969—1972 年公司利用内幕消息获取的超额收益进行计算，发现这些公司获得的超额收益高于平均的证券市场水平。Ke 等（2003）利用三种评估模型计算内部人利用内幕消息赚取的超额收益，发现三种方法计算的结果一致，即内部人利用内幕消息获得超额收益。Piotroski 和 Roulstone（2004）认为，内部人既是信息的交换者，也是信息的拥有者，发现内部人的交易与公司未来的盈利呈正相关。Jagolinzer（2009）以美国证券交易委员会（United States Securities and Exchange Commission，SEC）颁布的禁止内部人使用私人信息进行交易的规定为背景进行研究，发现还是有很多"规则"内的交易属于知情交易。Boubacar 等（2011）发现加拿大上市银行的高管利用内幕消息进行交易并获得超额收益，这些消息公开将对银行股价产生重大影响。Meulbroek（1992）对 1980—1989 年 SEC 立案的 320 起内幕交易罪进行研究，发现内幕交易引起股票超额收益达到 3% 左右。Cornell 和 Sirri（1992）研究了兼并事件中利用内幕消息交易引起的超额收益，得到了同样的结论。Chakravarty 和 McConnell（1997）对内部人和外部人的交易进行区分，并且将外部人的交易分成了买入和卖出两类，分别检验内部人和外部人收益的变化和股价变化之间的关系，发现内部人的收益增加伴随着股价上涨的现象。

另一方面的研究是寻找内部人获取超额收益是因为得知内幕消息。Penman（1982）对 1968—1973 年美国披露盈余预测的上市公司进行研究，发现内部人在好消息发布之前提前买入股票，坏消息发布之前提前卖出股票，证明内部人利用内幕消息获取超额收益。Lustgarten 和 Mande（1995）也发现了内部人利用内幕消息的证据，并且获取了超额收益。Ke 等（2003）通过考察内部人在连续一段时间的收益趋势是否与公司未来的收益预测一致，证明了内部人利用私有信息进行知情交易并且从中获利。Beniluz（2006）研究了 CEO 买卖股份时，内幕交易和盈余预测误差之间的关系，从而找到内部人利用私有信息的证据。Khan 等

（2013）发现内部人增持股票的时候，公司往往发布的盈余公告质量较低，这是为了避免自己的信息优势降低。Alan（2011）发现当内部人对未来预期较好的时候会提前进行更多的内幕交易。另外，Sun 和 White（2008）、Cheng 和 Kin（2006）对股利发放等资本市场的重大事件进行研究，证明内部人获利的根本在于获取了内幕消息。

2. 利用内幕消息交易对资本市场效率的影响

一些学者认为内幕消息对资本市场效率的提高是有利的。Carlton 和 Fischel（2007）认为，通过各种途径获取内幕消息并进行交易是一种成本最低的信息传递方式。Bhattacharya 和 Daouk（2002）对内部人和专业投资人之间的信息传递进行研究，发现专业投资人能获取内部人的内幕消息，这种信息的获取对于信息更广泛全面的传播是有利的。另一些学者则持相反的观点，认为内部人优先获取公司信息导致资本市场信息结构被破坏，使市场效率降低。Leland（1992）认为，利用内幕消息进行交易的行为是一种偷窃行为，属于公司的私有信息被挪用，认为利用内幕消息的行为破坏了资本市场的公平。Cheng 和 Kin（2006）发现，内部人为了交易机会推迟披露信息。Durnev 等（2003）发现利用内幕消息进行交易降低了市场流动性，导致市场效率变低。Fishman 和 Hagerty（1989）认为，外部投资者和内部人相比处于信息劣势地位，不能优先获取内幕消息，这样的竞争关系会导致外部人投资者慢慢被踢出市场。2000 年之后，几乎所有学者都认为利用内幕消息交易的行为破坏了市场公平，对资本市场造成了危害。

3. 利用内幕消息交易对资本市场流动性的影响

资本市场的流动性较好指的是投资者以较低的价格买入或者卖出股票，并且不会对股票价格产生太大影响，资本市场的信息泄露会降低资本市场的流动性。Durnev 等（2003）研究发现，做市商由于获取了私有信息并且进行内幕交易，导致资本市场流动性较低，交易量因此下降。Leland（1992）通过研究股票价格和内幕消息之间的关系，发现内幕交易导致股价波动、资本市场的流动性降低。

Beny（2007）发现，内幕交易监管不严的国家和地区，股市流动性较低，也说明了内幕消息的泄露导致资本市场的流动性降低。Khanna 等（1994）认为，公共信息会调和负面的内幕消息给股票价格带来的影响，使股价更好地反映股票信息。

4. 利用内幕消息交易对股价的影响

资本市场的信息泄露会导致某只股票被提前得知内幕消息的知情人大量买入或者卖出，进而引起更多的投资者追随买入或者卖出，引发"羊群效应"，导致股价大幅度上升或者下降，股价大幅波动。SEC 在 20 世纪 80 年代的一份报告中指出，内幕消息推动股价波动的原理是，个股被得知内幕消息的知情人提前买进，然后其他投资者通过观察发现知情人的行为，相应跟进买入，最后导致股价大幅波动。French 和 Roll（1986）对 1964—1982 年美国上市公司进行研究，发现股价波动大部分是利用内幕消息交易引起的。

5. 利用内幕消息交易对外部人以及上市公司的影响

关于股票市场信息泄露对外部人的影响，以往的研究没有一致的结论。Seyhun（1986）研究发现，资本市场中外部人跟随知情人的交易买入或者卖出并不能获得超额收益。后来大部分的学者认为股票市场的信息泄露会导致外部人受损。Bettis 等（2000）对内部人的内幕交易进行研究，发现对于级别高的高管的交易行为，跟风者能获得显著的超额收益。Anchor 和 Lin（2014）认为，通过内幕消息进行交易会造成投资者丧失信心，导致投资者减少投资。Kaha 等（2013）认为，股票市场通过内幕消息多买入的股票就是其他不知情者少买进的股票，利好消息公布前，知情者提前买入而因此获利，其他不知情者因此受损；坏消息公布前，提前获取内幕消息者会提前卖出避免受损，不知情者提前买入因此受损，即"证券守恒定律"。Leland（1992）认为，通过内幕消息的交易行为会导致外部人的福利下降。John 和 Lang（1991）认为，利用内幕消息交易获得的超额收益就是其他不知情者的损失。

Dai 等（2012）研究发现，内部人和外部机构勾结并从中共同获利，这种交易会增加上市公司的权益成本。Bhattacharya 和 Daouk（2002）对多个国家实施打击利用内幕消息交易的法律效果进行研究，发现法律实施后，上市公司的权益成本明显下降，说明利用内幕消息进行交易增加了公司的权益成本。Carlton 和 Fischel（2007）发现，如果企业允许利用内幕消息的行为，那么每一层级的人员都会延迟向下传递消息，以便自己利用内幕消息进行交易，这就造成了企业的运行效率下降。

6. 内幕交易与监管立法

目前，关于内幕消息立法的文献主要是对内幕交易行为的立法效果方面的研究。Beny（2007）通过对美国颁布的针对内幕交易的立法效果进行研究，发现法律的颁布导致利用内幕消息进行交易的行为延迟或者转向，因为法律的颁布增加了交易成本。Roulstone（2003）对针对内幕交易立法颁布前后的交易行为和交易时机变化进行研究，发现内幕交易立法能对交易起到抑制作用。Bainbridge（2005）对英国和美国的内幕交易立法监管效果进行对比，发现英国的立法监管效果更好，内幕交易披露更迅速。Bhattacharye 和 Daouk（2002）发现对内幕交易的立法监管降低了股权成本，并且减少了融资成本。

还有学者对最优监管模式进行研究，Chowdhry 和 Nanda（1991）研究了内幕交易行为被监管处罚的概率，发现最优的监管模式是不完全的限制。Khanna 等（1994）构建了监管力度的指标，也得出同样的结论，最优的监管模式是允许一定的利用内幕消息交易的行为。Bernardo（2001）认为，禁止内幕交易会实现社会福利的最大化。Maug（2002）认为，加强内幕交易的立法监管有利于保护中小股东的利益，实现公司价值的最大化。

二、股票市场信息泄露与机构投资者知情交易

1. 信息泄露与机构投资者知情交易

股票市场可能出现信息泄露，机构投资者通过获取内幕消息提前交易，即机

构投资存在知情交易的问题，其中一类研究是关于机构投资者的交易行为包含的信息，考察机构投资者是否能够根据提前获取的信息进行有利可图的交易。这些研究集中于机构的持股比例与各种股票指标变化之间的关系，如围绕相关信息事件的交易量（Utama and Cready, 1997; Hotchkiss and Strickland, 2003; Ali et al., 2008）、盈余漂移（Bartov et al., 2000）、股票回报同步性（Piotroski and Roulstone, 2004），这些研究表明机构投资者利用信息优势进行交易。

另一类研究从季度报告披露的持有量中推断，机构（特别是短暂性机构）可以从长期持有的信息优势中获利。例如，Ali 等（2004）的研究发现机构投资者的持股比例代表着在盈余公告中知情交易的比例。Ke 和 Petroni（2004）考察了机构投资者能否获取内幕消息，从而预测连续几个季度收益增长中的至少一个间断，进而避免与停牌有关的负面股票反应。Bushee 和 Goodman（2007）利用季度披露的持股数据发现，机构投资者为了私利会提前获取公司的内幕消息。Hribar 等（2009）发现机构投资者至少在会计重述报告的第一季度之前，显著减少它们在重组公司中的持有量。

随着一些机构投资者交易数据库的出现，有关机构投资者知情交易的新证据被记录下来。Irvine 等（2007）认为，机构在重大事件之前获得超额收益，机构投资者收到的提示和即将公布的分析师报告一致；Chemmanur 等（2009）发现机构投资者拥有关于股权再融资（Seasoned Equity Offering, SEO）的私人信息；Chemmanur 等（2010）研究表明机构投资者拥有首次公开募股（Initial Public Offering, IPO）的私人信息。Puckett 和 Yan（2011）研究发现了利用交易仓位变化的数据可以为机构提供季度内交易技巧的证据。Huang 等（2020）以股票期权回溯丑闻曝光前的机构交易为研究对象，发现机构对其配对公司具有信息优势的证据，并且探索了机构的信息优势来源。

2. 知情交易的判断

资本市场信息泄露的发生改变了市场信息结构，最主要的问题是如何鉴别信息泄露的发生。因为信息泄露问题加剧了信息不对称的程度，传统的市场均衡理论也无法鉴别，最早的学者研究资本市场的信息泄露是通过构建 EKOP 模型。Easley 等（1996）认为，股票市场上知情交易的发生都是由好消息或者坏消息引起的，私人信息导致的知情交易发生的概率可以通过交易的方向和数量大小来计算，并构造了 PIN 指标估计知情交易的概率。后来，开始有一些学者用 PPD 方法估计知情交易，PPD 是利用事件研究法估计不同的内幕消息主体获取的超额收益。估计期指的是获取内幕消息之后开始交易到事件公告日之前，窗口期是事件公告日之后。再后来，许多学者在之前的基础上修正，用各种方法来识别资本市场信息泄露的发生，如 Minenna（2003）利用潜在概率法计算知情交易的概率；Nyholm（2010）也尝试新的方法去测算知情交易；Jensen（1978）利用时序结构破坏检验来识别资本市场的知情交易。

第三节　国内股票市场内幕消息相关文献回顾

我国关于内幕消息交易的文献主要从两个方向进行研究：一是通过重大事件判断股票市场是否存在利用内幕消息交易的问题以及利用内幕消息交易对资本市场的影响，这个分支的研究主要是基于内部人对内幕消息的利用。二是股票市场信息泄露与机构投资者的知情交易。

一、利用内幕消息交易的文献

1. 通过重大事件判断股票市场是否存在利用内幕消息交易的问题

一些学者通过研究并购重组、盈余公告、股权分置改革、定向增发等重大事件来判断股票市场是否存在利用内幕消息交易的问题。何佳和何基报（2001）通过研究 1999 年和 2000 年 5 类重大事件发生前后的股票超额收益率和换手率，分析在重大事件发生之前是否存在利用内幕消息交易，这是我国比较早的研究与股票市场内幕消息有关的文献。黄余海（2003）对高送转和控制权转两类事件进行研究，计算了事件前后的股票超额收益率和超额交易量，发现一些公司借助利好消息的传递给内幕交易创造机会。李捷瑜和王美今（2008）对盈余公告前可能存在利用内幕消息交易的行为进行研究，发现我国上市公司在盈余公告前存在明显的利用内幕消息交易的问题。

肖文亮（2011）通过研究 2006—2009 年我国上市公司在盈余公告前后内部人持股变化，发现利好消息和利空消息的类型与内部人持股显著相关，说明市场存在利用内幕消息交易的问题。张新和祝红梅（2003）对并购、控制权转移、业绩变化超过 50% 的重大事件公告日前后的交易量和披露效应进行研究，发现我国的股票市场明显存在利用内幕消息交易的问题。唐雪松和马如静（2009）找到了我国上市公司控制权转移过程中利用内幕消息交易的证据，发现控股比例越高，内幕交易越容易发生。岳宝宏和孙健（2011）以 2001—2009 年发生控制权转移的上市公司为研究样本，发现公告前 60 天到 30 天是利用内幕消息获得收益最高的时间段，建议监管部门重点关注这个时间段。施东晖和傅浩（2002）对并购事件前后的股价操纵、利用内幕消息交易之间的关系进行研究，发现上市公司并购内幕消息泄露的问题，并构建了概率模型建议监管部门用来监控。祝红梅（2003）对上市公司资产重组前后的交易量和股票超额收益率进行对比分析，发现公告前 90 天到公告日前 1 天之间的累计超额收益远高于公告日当天的收益，说明资产重组之前存在利用内幕消息交易和股价操纵的问题。

晏艳阳和赵大玮（2006）用事件研究法对股权分置改革中的公司进行研究，找到了利用内幕消息进行交易的证据。田满文（2007）对股权分置改革过程前后的股票超额收益和换手率进行研究，发现股权分置改革中存在利用内幕消息交易的问题。谢琳等（2011）对定向增发公告前后的交易量和 CAR 值进行研究，发现定向增发前后存在利用内幕消息交易的问题。

2. 利用内幕消息交易对资本市场的影响

史永东和蒋贤锋（2004）研究了利用内幕消息进行交易的行为与股票超额收益率之间的关系，发现利用内幕消息进行交易加剧了股价的波动。张学功（2006）检验了股票价格和交易量之间的非线性因果关系，发现利用内幕消息交易是通过较低的成本来获得超额收益。汪贵浦等（2004）对1994—2000年我国股票市场利用内幕消息交易的行为研究，发现利用内幕消息提前买入的行为更显著，信息含量也更高。唐齐鸣和张学功（2006）认为，利用内幕信息交易的行为会降低市场价格的有效性。张宗新和沈正阳（2007）研究发现，重大消息发布之前存在信息泄露并且知情人利用内幕消息交易，并且造成股价波动，股价在消息发布前上涨。

3. 利用内幕消息交易对上市公司的影响

李捷瑜和王美今（2008）从公司治理角度研究了利用内幕消息交易的行为，发现薪酬激励和两权分离程度是内幕交易行为的影响因素。张云（2009）也研究了利用内幕消息交易的行为与公司治理之间的关系，发现治理好的公司利用内幕消息交易的概率会降低，改变外部法治环境和公司治理水平才能有效抑制利用内幕消息交易的行为。雷倩华等（2011）发现了资产重组前机构投资者存在利用内幕消息交易的行为，寻找了股票市场信息泄露的证据，并且公司激励越差越容易出现利用内幕消息的知情交易。

4. 内幕交易与法律监管

唐齐鸣和张学功（2006）研究发现，利用内幕消息交易的行为是以低成本的方式来获得超额利润，并对监管下利用内幕消息交易的收益和策略进行分析，得出最优的监管策略，认为只有加强法制监管才能有效打击股票市场利用内幕消息交易的行为，保护中小投资者的合法利益。薛爽和蒋义宏（2008）通过超额交易量验证利用内幕消息交易的行为，认为利用内幕消息交易在很短的时间内发生，建议监管部门应该加强信息披露的及时性，不给利用内幕消息交易留机会。姜华东和乔晓楠（2010）发现，证券市场加强对内幕交易的监管在短期内会使市场流动性提高、内部人的利益变小，使市场充满信心。

二、股票市场信息泄露与机构投资者知情交易

1. 信息泄露与机构投资者知情交易

我国股票市场信息泄露的研究起步较晚，其中最主要的文献就是关于信息泄露与机构投资者交易行为的研究。我国 A 股发现了机构投资者知情交易的证据，傅勇和谭松涛（2008）对机构投资者的内幕交易与股东的方案同意比例之间关系进行研究，发现机构投资者可能通过合谋获益。余佩琨等（2009）发现在好消息发布之前机构投资者的仓位增加，在坏消息发布之前机构投资者的仓位减少。潘越等（2011）发现上市公司高管非自愿变更过程中，机构投资者与上市公司管理层之间存在"合谋者"现象。蔡庆丰和杨侃（2012）验证了分析师提前透露信息给机构投资者，机构存在知情交易。李胜楠等（2015）也找到了高管非自愿性变更时，投资基金与上市公司高管"合谋"的证据。薛健和窦超（2015）以并购重组前机构和个人的仓位变化为研究对象，发现存在信息泄露的现象。

2. 通过模型判断知情交易行为

王艳和杨忠直（2005）基于 Handa 的方法构建了知情交易概率模型来判断我国股票市场利用内幕消息的知情交易概率，发现股票交易和知情交易负相关。王春峰等（2005）通过构建知情交易概率模型，发现知情交易概率和股价波动性负相关，与市场流动性正相关。攀登和施东晖（2006）基于 Nyholm 模型推导出适应于订单驱动市场的知情交易概率的测度模型，并且用上海证券交易所（以下简称上交所）的数据进行分析。李心丹等（2007）从行为金融学的角度构建了知情交易的测算模型，对股票市场利用内幕消息的知情交易行为进行判断。张云（2009）构建利用内幕消息的知情交易识别体系，检验了知情交易前后的股价变

化、公司治理水平的变化和财务状况的变化。

第四节　文献评述

通过对国内外内幕消息相关的文献梳理，可以看出利用内幕消息交易的文献已经较为丰富，但以往关于内幕消息研究的主体是内部人，因为寻找证据和获取数据困难，对于资本市场信息泄露和外部人获取内幕消息的研究较少，主要表现在以下几个方面：

第一，国内外的文献主要是从内部人角度来研究是否存在内幕交易，但对于股票市场信息泄露和外部人获取内幕消息的研究较少，特别是对于上市公司具体的事件，如大股东减持、业绩预告、股利分配等，鲜有文献对上市公司重大事件公告前可能出现的信息泄露进行研究，尤其是对作为外部人的重要组成部分的机构投资者是否存在知情交易的研究较少，本书将从这个角度进行研究。

第二，以往关于利用内幕消息进行交易研究的后果主要是对资本市场的影响，鲜有文献研究利用内幕消息交易对个人投资者的影响，尤其是资本市场信息泄露对个人投资者造成怎样的影响，财富是否因为信息泄露发生转移。资本市场的信息泄露的相关研究具有现实意义，信息泄露导致机构投资者和个人投资者的财富如何分配都将是未来需要进一步研究的。

第三，总结国内外的文献可以看出，内部人利用内幕消息交易主要与上市公司的公司治理有关，而关于股票市场信息泄露和外部人提前得知内幕消息的原因却鲜有研究，在目前股票市场利用内幕消息炒作成风和内幕消息泛滥的大环境下，从公司内部角度来考虑，什么原因会导致信息更容易泄露？上级部门如何对上市公司监管？这都是需要研究的内容。

第五节　本章小结

本章介绍并回顾了与股票市场信息泄露相关的基本理论，并对国内外内幕消息的研究成果进行总结。首先，回顾了有效市场理论，并分析了股票市场的信息泄露对有效市场的影响。利用内幕信息操纵股票价格，向不知情者发出错误的信号影响其决策，有利于知情者进行清仓获利。证券市场的信息泄露会导致证券价格有效性降低，一方面是由于知情的内部人将内幕消息泄露给外部人，信息在交易者之间分布不是均匀的；另一方面是内幕消息从知情人泄露给外部人，导致了市场竞争的有效性损失。基于这两点，导致证券市场有效性和价格竞争性的降低。其次，回顾了信息不对称理论，并且基于信息不对称理论对股票市场信息泄露问题进行分析。一方面，市场上的交易者拥有的信息数量和质量不同；另一方面，交易者之间存在的信息不对称无法完全控制。因此，基于以上两个条件，上市公司的内部人比机构投资者和散户等外部投资者更具有信息优势，内部人能提前获取信息。最后，从国外和国内两方面对以往研究内幕消息的文献进行总结，不论是国内还是国外，以往关于内幕消息的研究都是从内部人角度进行的，对于股票市场信息泄露和外部人获取内幕消息的研究较少，特别是对于上市公司具体的事件，如大股东减持、业绩预告、股利分配等，鲜有文献对上市公司重大事件公告前可能出现的信息泄露进行研究，尤其是对作为外部人的重要组成部分的机构投资者是否存在知情交易的研究较少。本书相关的理论和文献综述为接下来几章的研究提供了理论基础。

第三章　制度背景

第一节　我国证券市场信息泄露监管制度的阶段演进

20 世纪 90 年代，国际理论界和实务界在对利用内幕信息进行交易的行为进行打击和监管上达成共识，认为控制证券市场的内幕交易行为对于维护资本市场的稳定、企业健康有序的发展很有必要。我国证券市场自从诞生就伴随着信息泄露和内幕交易的发生，从 1990 年开始，伴随着我国证券监管部门的正式成立，我国也开始紧跟国际的步伐加强对内幕交易的监管。我国对证券市场信息泄露的监管分为萌芽阶段、起步阶段、发展阶段和逐步成熟阶段。

一、萌芽阶段

1990 年 10 月，中国人民银行发布了《证券公司管理暂行办法》，这是我国第一次行政立法对利用内幕信息交易的行为进行监管，但还没有正式用"内幕交易"这个说法。其后，上交所和深圳证券交易所（以下简称深交所）也针对控制证券市场的信息泄露问题制定了相关的规则。1991 年 6 月，深交所开始施行的《深圳证券交易所交易规则》已经形成对"内幕交易"界定的雏形。其中，初步界定了内幕交易的人员，圈定了内幕消息的范围，并且规定了从业人员、公司管理人员等不能将信息泄露给第三方。这个阶段我国证券市场初步形成，对违法违规行为没有明确的处罚规则，主要是靠证券市场中投资者、公司和从业人员的自律，在监管方面还缺乏经验。总之，对信息泄露的监管还处于萌芽阶段。

二、起步阶段

1992 年，伴随着我国证监会的正式成立，我国证券市场正式确定了违法违规行为的监管主体。1993 年，国务院相继颁布了《股票发行与交易管理暂行条例》《禁止证券欺诈行为暂行办法》，正式对内幕交易行为进行立法规范，这是我国证券市场首次明确对利用内幕信息进行交易行为的法律责任。其中，详细说明了内幕交易的主体、内幕交易的范围和内幕交易的各种类型。之后，我国证监会分别于 1997 年 3 月、1997 年 12 月和 1999 年 9 月发布了《证券市场禁入暂行规定》《上市公司章程指引》和《中国证券监督管理委员会股票发行审核委员会条例》，进一步强化了对利用证券市场的内幕信息进行交易的监管办法。这个阶段我国证监会除了从立法方面，还积极同地方政府相互配合，发现并且查处了 8 起相关违规案件。起步阶段查处案件少的原因主要是以下两点：一是相关法律人员和稽查人员少，因为人员限制不能在全国范围有效展开监管。二是工作人员的专业水平低。证券市场上利用泄露的内幕信息进行交易的人员都具有专业技能，行为的隐蔽性导致工作人员不能及时发现问题。

三、发展阶段

1997 年 9 月，《证券法》对内幕交易明确了行政责任和刑事责任，这是对证券市场信息泄露问题监管的"里程碑"。《证券法》规定："对进行内幕交易行为的，责令依法处理非法持有的证券，没收违法所得，并处以违法所得一倍以上五倍以下或者非法买卖证券等值以下的罚款。构成犯罪的，依法追究其刑事责任"。

1997 年 10 月，修订的《刑法》第一百八十条专门规定了泄露内幕信息罪，这是我国首次将利用内幕消息进行交易定为刑事犯罪。《刑法》规定："证券交易内幕信息的知情人员或者非法获取证券交易内幕信息的人员，在涉及证券的发行、交易或者其他对证券的价格有重大影响的信息尚未公开前，买入或者卖出该证券，或者泄露该信息，情节严重的，处五年以下有期徒刑或者拘役，并处或者单处违法所得一倍以上五倍以下罚金；情节特别严重的，处五年以上十年以下有期徒刑，并处违法所得一倍以上五倍以下罚金。单位犯前款罪的，对单位判处罚金，并对其直接负责的主管人员和其他直接责任人员，处五年以下有期徒刑或者拘役"。至此，我国从行政和刑事两方面初步形成了打击证券市场信息泄露行为的法律框架。

2005 年，《证券法》又做出重新修订，同年出台了《中华人民共和国公司法》（以下简称《公司法》），明确了利用内幕消息的人员和范围，进一步对利用内幕信息交易行为的立法进行完善。这个阶段进一步强化了内幕信息的公开披露，为内幕交易认定中的非公开性准则提供了判定依据。

四、逐步成熟阶段

2007 年 3 月，证监会印发了《中国证券监督管理委员会证券市场内幕交易行为认定指引（试行）》（以下简称《指引》），这是中国证券市场第一个专门针对利用内幕信息交易的专项规定。这个法规解决了对利用内幕消息的人员界定不准确的问题，明确了知情人的范围，首次把通过亲戚、同学或者同事等其他朋友获取内幕消息的人员列入内幕消息知情人的范畴，并且重新确定了内幕消息敏感期的范畴、内幕消息的范围、违法所得的计算标准及其他一些特殊情况的认定标准。《指引》经过不断的修改完善，为证监会稽查执法工作提供了更精细、更专业且更科学的方向。同年，打击证券市场的内幕交易行为也取得成效。

2009年，《中华人民共和国刑法修正案（七）》对之前的第一百八十条进行修改，扩大了内幕信息知情人的范围，明确将证券公司、基金管理公司、证券交易所等金融机构作为监管对象，金融机构的工作人员不得将手中掌握的未公开信息传播给其他人，特别重点监管对机构工作人员利用手中信息操纵的"老鼠仓"行为。这次的《刑法》修订有"里程碑"式的意义，不仅提高了执法的灵活性，针对随着时代变化产生的各种新型内幕交易行为及时做出修订，而且执法更严格，明确了范围更广的知情人和内幕交易的种类，为执法提供了帮助。

2010年，各部委也开始和证监会配合共同开展对证券市场信息泄露问题的监管工作。2010年5月，最高人民检察院、公安部联合发布《关于公安机关管辖的刑事案件立案追诉标准的规定（二）》对刑法第一百八十条进行更全面的补充。2011年11月，国务院国有资产监督管理委员会（以下简称国资委）发布了《关于加强上市公司国有股东内幕信息管理有关问题的通知》，强调上市公司的股东要积极配合内幕消息知情人的登记工作。2012年6月，最高人民法院、最高人民检察院联合发布的《关于办理内幕交易、泄露内幕信息刑事案件具体应用法律若干问题的解释》针对信息泄露的人员、泄露的各种途径以及内幕消息敏感期做出了全面的补充。2013年12月，国务院印发了《国务院办公厅关于进一步加强资本市场中小投资者合法权益保护工作的意见》，这一文件成为目前打击资本市场的信息泄露和内幕交易问题、保护中小投资者合法权益的纲领性文件。2014年8月，新修改的《证券法》成为约束内幕交易行为的有力依据。

综上所述，我国对于证券市场信息泄露问题的监管一步步走向成熟，逐步增加了对新现象和新型交易的监管范畴，已经形成了比较全面规范的监管制度体系。至此，我国形成行政、刑事、民事三管齐下的遏制证券市场信息泄露问题的法律法规架构体系。

五、信息泄露监管制度的问题

我国目前监管体系存在的问题：一是现状。我国目前出现的通过信息泄露获取内部人的内幕信息进行交易的案件逐渐增多，包括主动获取、被动获取以及各种新出现的手段。股票市场出现的许多内幕交易案大多是内部人和外部的机构投资者之间合谋进行，两者各取所需，内部人需要借助机构投资者的专业技术获取更大的利益，而机构投资者需要获取内部人的内幕消息。另外，内部人的交易量与通过内幕信息获取的收益之间呈倒"U"形关系，即内部人的交易量受到财富限制，存在最佳的交易量。所以，机构要和内部人合谋共同获利。二是监管。我国针对内幕信息泄露的案件主要是以证监会的行政监管为主，通过证监会颁布的各项规章条例完成监管工作。我国的证券市场起步较晚，对证券市场的各项立法和监管还处于探索阶段，如果新的违法违规行为出现，很难及时做出立法反应。由于处于起步阶段并且进程缓慢，证券市场的许多违规行为还需要行政监管去补足。但行政监管缺乏强制性，对于许多违规行为缺乏足够的震慑力；同时行政监管会出现权责不明的情况，使得对内幕信息泄露的监管效率偏低。

第二节　信息泄露事件的制度背景

一、减持制度背景

1. 减持制度变迁

随着我国证券市场的飞速发展，各种问题也相应出现。大股东相对于外部人有信息优势，利用手中的内幕消息择机减持，如大股东"清仓式""过桥式"的恶意减持；与机构投资者合谋先前期炒作、再清仓式减持套现；等等，利用信息优势侵害中小股东的利益。这些问题会造成股票市场的异常波动，不利于我国资本市场的平稳运行和实体经济的健康发展。针对股票市场出现的各种减持问题，我国颁布了一系列针对性的法律法规。2005 年，减持在股票市场越发普遍，证监会也开始施行股权分置改革，监管机构开始加强对大股东"掏空"行为的清理工作，专门治理违规担保和资金被占用等问题。股权分置改革也改变了大股东的获利方式，可以通过减持兑现收益。

2005 年 9 月，证监会发布了《上市公司股权分置改革管理办法》，其中规定，股改后公司原非流通股股份的出售，自改革方案实施之日起，在十二个月内不得上市交易或者转让；持有上市公司股份总数 5% 以上的原非流通股股东，在前项规定期满后，通过证券交易所挂牌交易出售原非流通股股份，出售数量占该公司股份总数的比例在十二个月内不得超过 5%，在二十四个月内不得超过 10%。这次的"大小非"减持制度给股票市场带来很大的冲击。

针对我国股票市场"大小非"减持的一系列问题，证监会在 2008 年 4 月 20 日发布了《上市公司解除限售存量股份转让指导意见》（以下简称《指导意见》）。核心内容是，"持有限售存量股份的股东预计未来一个月内公开出售解股份的数量超过该公司股份总数 1% 的，应当通过证券交易所大宗交易系统转让所持股份"。沪深两市也积极配合证监会，为了规范"大小非"减持的行为，制定了相应的规定，即对于未超过 1% 的，但超过 150 万股的限售股鼓励在大宗交易市场转让。

《指导意见》颁布后的初步效果在股票市场已经出现，如 2008 年 4 月 29 日，上交所在日常监控中发现，四川宏达股份有限公司的两个解除限售股的股东账户，当日分别减持了 751.36 万股和 696.23 万股，减持比例超过 1%，违反了《指导意见》。但这个《指导意见》仍然存在以下问题：只规定了"大非"的信息披露义务，对"小非"没有明确规定；对于减持的违规行为没有相应的处罚措施；对于大宗交易是否可以抛售没有明确规定。

2009年，国资委颁布了《关于规范上市公司国有股东行为的若干意见》，其中规定上市公司的股东股份变动应该严格按照监管部门的要求，国有股东出售股份的比例超过规定的，需要将出售时限、出售比例等出售方案上报国资委监管部门批准。这个意见是为了保护中小投资者的合法权益，防止利用内幕消息操纵股价，恶意减持，维护资本市场的稳定有序。

2014年，随着股票市场的信息泄露问题不断暴露，利用内幕消息炒作，各种新形式的利用内幕消息交易的方式不断出现，利用内幕消息的各种交易形式也开始变化。为了应对风险，打击股票市场的恶意减持，保证资本市场健康有序地发展，证监会连续颁布一系列法规。2014年11月23日，证监会颁布了《上市公司收购管理办法》，其中第十三条细化了对于持股比例超过5%的大股东、董监高、实际控制人的减持相关规定条款。2015年7月8日，证监会发布了〔2015〕18号公告，2016年1月又出台了《上市公司大股东、董监高减持股份的若干规定》（以下简称《减持新规》）。这两部文件颁布之后，虽然推动了股东的依法、有序、透明减持，对于维护市场稳定有序起到了相应作用，但市场上仍然有很多不规范的恶意减持行为，如"断崖式"减持，联合前期炒作的"忽悠式"减持，"清仓式"减持。甚至有一些通过大宗交易方式转让股份，以"过桥式"减持的方式规避减持数量限制。针对此类状况，证监会在2016年出台的文件基础上补充了细节和漏洞。这次的补充扩大了适用范围，在保持减持数量比例不变的前提下，对大宗交易、转让协议等作了详细的补充完善。随后，沪深两市积极配合证监会，陆续发布了《上海证券交易所上市公司股东及董事、监事、高级管理人员减持股份实施细则》《深圳证券交易所上市公司股东及董事、监事、高级管理人员减持股份实施细则》，以维护市场稳定。

2. 减持新规的制度缺陷

2017年5月，"史上最严"《减持新规》发布，从减持主体、减持方式、减持数量、信息披露等方面对股东减持进行了严格约束。伴随着证监会发布的针对减持的新规，我国目前形成了包括《公司法》《证券法》以及证监会的规章、规范性文件和证券交易所自律规则在内的一整套规范控股股东、持股5%以上股东及董事、监事、高级管理人员的法律规则体系。减持新规是为应对市场变化、利用减持的各种新形式违规交易制定的制度，如联合前期炒作，在高位减持套现。2017年，宁夏青龙管业股份有限公司利用雄安新区概念炒作，董事长大幅度减持，几天内套现上百万元；利用股权质押的方式减持套现；利用"高送转"助力减持，谋定而后动。2015年，海润光伏科技股份有限公司公布"高送转"预案之后，前三大股东集体大幅度减持并从中获利。《减持新规》根据股票市场的这些情况完善了细节，但目前看来仍然存在缺陷。

第一，信息披露制度不够完善。《减持新规》主要是针对持股5%以上的大股东，对于5%以下的小股东的信息披露对象没有详细规定，并且没有考虑到股票的总市值，虽然规定了减持的持股比例，但有些减持的数量少市值却很高，对股票市场的影响也很大。第二，减持前其他信息的披露时间没有详细规定。虽然规定了减持后公开披露的时间范围，但对于"高送转"之类的在减持前发布的利好消息披露时间没有明确规定，这样给利用减持前期炒作，高位减持获利的方式留下机会。第三，惩罚力度不够。比如，《减持新规》中关于对信息披露存在误导和虚假等陈述的处罚上限是60万元，而通过恶意减持的行为，尤其是勾结机构投资者利用内幕消息的非法获利的金额一般都较大，有的达到千万元以上，处罚成本和收益相比微不足道，这不仅没有遏制恶意减持行为，还给外界传递了违规操作成本低的信号。

总体来看，《减持新规》施行以来，"清仓式"减持、"过桥式"减持等恶意减持的行为得到了一定的遏制，短期来看初有成效，但是长期来看，利用信息优势前期炒作概念，推高二级市场股价再减持的行为还是会出现。在目前股票市场利用信息炒作概念股成风的大环境下，加强减持的监管立法规定对保持资本市场平稳健康发展有着积极的意义。

二、业绩预告制度背景

1. 业绩预告制度变迁

我国资本市场自成立以来，一直没有第三方独立的机构来披露上市公司的信息，只能靠上市公司公开披露。加上缺乏约束机制，导致上市公司信息透明度不高，内部人与外部人之间信息不对称，股票市场信息泄露问题不断出现，导致中小投资者受损。1993 年，国务院颁布的《股票发行与交易管理暂行条例》要求上市公司对于未来可能发生的重大事件（这个重大事件指的是重大亏损）应该上报给证监会或者证券交易所，并且应该告知大众，但因为没有披露细节，所以没有对上市公司起到实质性的约束。1996—1997 年，因为严重亏损的公司没有提前披露，导致年报披露后上市公司的累计超额收益率达到−9.19%。之后的庄家操作，利用内幕消息获利的交易不断出现，导致中小投资者利益严重受损。

为了解决信息不对称导致中小投资者的损害，证监会于 1998 年 12 月 9 日发布了《中国证券监督管理委员会关于做好上市公司 1998 年年度报告有关问题的通知》，其中规定，对于连续三年亏损或者发生重大亏损的公司应该在年报前及时披露。这是我国首次从制度上约束上市公司要业绩预告，也是业绩预告制度的雏形。

2000 年 12 月，上交所发布了《上海证券交易所关于落实上市公司 2000 年年度报告有关工作的通知》，其中规定，对于预计 2000 年的业绩严重亏损的上市公司应该在 2000 年的会计年度之后两个月内发布公告提示。之后，深交所也发布了相同的公告，这次从时间上约束了提前披露亏损情况，进行及时性的强制要求。随后，沪深两市发布一系列文件扩大了强制业绩预告的范围，如深交所于 2001 年发布了《关于做好上市公司 2001 年年度报告工作的通知》规定，对于亏损或者业绩大幅度下降的公司，应该在 2001 年会计年度之后一个月内发布业绩预告，这里的大幅度下降指的是与上年业绩相比下降50%或以上；同时首次规定了豁免披露的范围。当年，上交所也发布了类似的文件。这一年的业绩预告制度将范围扩展到预亏、预减和预增，明确业绩预告的对象是利润总额，并且规定了豁免条款，进一步强调了及时性。2001年是业绩预告制度发展最快的一年。

2002年，上交所和深交所又对之前的文件作出相应的补充和调整，将业绩预告制度对象确定为净利润，要求上市公司下一期的业绩预告必须出现在定期报告中，进一步强调了及时性，但也允许以独立的形式发布公告；并且首次提到了业绩预告不准确的需要及时修正。2004年9月，沪深两市将"扭亏为盈"纳入业绩预告的范围，并且属于强制披露。至此，业绩大幅增加、业绩大幅下降、预亏、扭亏为盈成为我国业绩预告的四种强制预告类型，并且再次强调业绩预告的时间不能晚于2005年1月31日。同年，上交所和深交所提出中小企业板的强制业绩预告制度。2005年，深交所发布了《深圳证券交易所关于做好上市公司2005年年度报告工作的通知》，明确强调了业绩预告披露的及时性。

2006年7月，沪深两市均在《股票交易规则》中详细补充说明了业绩预告的制度。2006年，深交所出台了《中小企业板信息披露业务备忘录第1号：业绩预告、业绩快报及其修正》，其中对中小企业的业绩预告披露做出了更严格的规定，要求必须在第一季度报告、半年报和第三季度报告中披露本年的业绩预告，并且披露时间最迟分别不得晚于4月15日、7月15日和10月15日，年报业绩预告披露最晚不得超过第二年1月31日。对主板上市公司的规定与中小板的基本一样，除了不需要在第一季度报告里预告全年业绩。2008年，《上海证券交易所股票上市规则（2008年修订）》《深圳证券交易所股票上市规则（2008年修订）》对业绩预告做出详细规定，其中深市包括中期报告与年度报告；沪市仅要求年度报告，业绩预告的对象是净利润，业绩预告的范围是亏损、扭亏为盈，或者净利润与上年相比上升或者下降50%以上，预告时间不得晚于下一年度的月末。

2. 业绩预告制度的特点和缺陷

从业绩预告制度的变迁中可以看出有以下几个特点：第一，业绩预告的类型不断扩大，从最初的亏损公司，扩大到预亏或者净利润大幅度下降的公司，最后又扩大到扭亏为盈或者净利润大幅度上升的公司。业绩预告的范围界定越来越明确、内容更丰富，有利于满足中小投资者的需求。第二，业绩预告的对象不断变化。从最初的预告年报，到后来的第一季度报告、半年报、第三季度报告都需要提前预告，沪市在2008年取消了半年报的预告，说明业绩预告的范围逐步扩大。第三，业绩预告的及时性。从开始的要求在年报前预告，发展到会计年度后两个月内预告，接着变为会计年度后一个月预告，最后要求第一时间发布业绩预告，及时性要求逐渐增强。第四，业绩预告的形式变化。从开始的单独报告，到后来变为单独与财务报告并存的两种形式预告，与监管部门要求的及时性一致。第五，逐渐加入业绩预告的修正和豁免，这两项要求企业发布的信息更加准确，与监管部门要求的重要性和相关性一致。

但我国的业绩预告制度也存在缺陷：第一，制度环境。我国的证券市场虽然有了迅猛的发展，但市场效率不足，资源配置能力不够，导致制度环境不足以规范上市公司的披露行为。管理者操纵会计信息的动机强烈，但信息掌握在内部人手中，这与资本市场追求公平效率矛盾，中小投资者处于劣势地位，这就说明了政府介入的必要性。因此，证监会和沪深两所颁布了业绩预告制度，强制要求上市公司提前披露业绩有重大变化的信息；对于业绩变化相对缓和的，没有进行强制要求，管理层可以自愿公开披露。但是，我国的业绩预告制度的法律责任不明确，违反规定的处罚力度也不够，这就导致对于恶意披露业绩预告的行为没有相应的处罚措施。随着资本市场信息泄露问题的不断出现，利用内幕信息炒作，或者放出假消息恶意抬高股价的情况时有发生。因此，对于恶意发布业绩预告信息的行为尚需有效的规范去遏制。第二，预测对象。我国业绩预告的对象从利润总额变为净利润，并且更多强调的是净利润变化，但没有精确到预测具体的数值，不是"点估计"，而是"面估计"，这就导致中小投资者仍然不能精确地掌握上市公司业绩的变化，也给上市公司留下了操控信息的余地。第三，预测窗口。我国业绩预告要求上市公司对未来可能发生的业绩重大变化提前披露，鼓励在一个会计期间结束进行披露，规定业绩预告披露的截止时间。不像美国、日本等国家，要求在每个年报即预测下一年度的盈利。总体来说，我国的业绩预告制度及时性较差，会给投机者留下操纵信息的余地。

三、股利监管制度背景

1. 股利监管制度变迁

证券市场的分红问题一直受到很大的关注，20世纪90年代，我国就出现很多公司低分红、不分红的异象，"重融资、轻回报"是一个突出的问题。刘星等（2007）认为，我国上市公司是管理者主导的管理模式，因为管理目标不合理、管理模式不明确，导致股利支付不稳定和支付方式较"灵活"的现状。

萌芽阶段：2000年，针对上市公司红利分配不稳定、不分红的现象，监管部门颁布了一系列规范制度监管上市公司的分红问题，明确要求再融资上市公司在申请配股或增发时必须满足"最近三年需有现金股利分配"记录的条件。这些制度与上市公司的再融资挂钩，因此被称作"半强制分红"监管政策（李常青等，2010）。2001年2月25日，证监会颁布了《上市公司新股发行管理办法》。同年5月，证监会又发布了《中国证监会股票发行审核委员会关于上市公司新股发行审核工作的指导意见》。这两次的规定明确提出上市公司分红派息是申请再融资监管的重点，上市公司近三年要有分红派息的记录，标志着中国"股利监管"序幕正式拉开。

制度出现：2004年12月7日，证监会发布了《关于加强社会公众股股东权益保护的若干规定》，其中提出，上市公司没做出利润分配预案的应该在年报中说明原因，还应该让独立董事审核；上市公司最近三年未进行现金利润分配的，不得向社会公众增发新股、发行可转换公司债券或向原有股东配售股份。2002年之前,配股是再融资的主导力量,增发、可转债只是起到了辅助作用;2002年之后,上市公司融资方式中增发和可转债占据主导地位。证监会根据这个情况不断调整再融资的法规,并把再融资资格与分红相挂钩作为重点。因此,2004年的分红监管政策是针对新形势做出的调整,更大程度地保护了中小投资者的利益。

量化阶段:2006年5月6日,证监会颁布了《上市公司证券发行管理办法》,其中规定,"上市公司公开发行证券应符合最近三年以现金或股票方式累计分配的利润不少于最近三年实现的年均可分配利润的20%"。这次文件第一次明确了利润分配的定量标注,但也把现金和股票两种分配方式捆绑在一起。

2008年10月,证监会颁布了《关于修改上市公司现金分红若干规定的决定》,其中规定了近三年现金累计利润分配不得少于这三年年均可分配利润的30%,对于有留存但不准备分红的企业,需要在定期报告中详细披露未分红的原因以及资金的用途,还需要披露利润分配的执行情况,列明公司前三年现金分红的数值、与净利润的比例,进一步强化了现金分红与再融资相挂钩的要求。这次文件首次把再融资与现金分红的比例相挂钩,不把股票股利作为审核的标准。

细化阶段:2012年5月,证监会颁布了《关于进一步落实上市公司现金分红有关事项的通知》,其中提出了属于"重大事项"提示的范围,即上市公司在发行预案中披露近三年现金分红情况、未分配利润安排情况等。2012年8月16日,上交所发布了《上交所上市公司现金股利分配指引(征求意见稿)》,其中规定上市公司现金红利分配额不得低于当年归属于股东净利润的50%,且现金红利与当年净资产之比不低于同期中国人民银行公布的一年期定期存款基准利率。

2013年1月7日,上交所发布了《上海证券交易所上市公司现金股利分配指引》,其中对于股利分配的比例,以及现金分红的比例分别作出相应的规定。对于能完成两项标准的,给予再融资、并购重组等其他政策的绿色通道。同年

11月，证监会颁布了《上市公司监管指引第3号——上市公司现金分红》，指出上市公司可以根据自身发展需要、战略调整、盈利水平和经营模式等因素，执行"差异化的股利政策"。2014年10月，证监会颁布了《上市公司章程指引（2014年修订）》，特别强调了上市公司的现金分红政策。这一系列的制度规定说明建立透明、持续、平稳的股利分配政策的紧迫性与重要性。

2. 股利监管制度的特点和缺陷

我国股利监管制度从萌芽阶段到现在已经有20年的时间，无论从监管方式、监管思路还是监管力度上都有很大的改善。首先，从将股票分红和现金分红作为一个整体，到重点把现金分红与再融资等政策相挂钩，突出了保护中小投资者利益的思想。其次，监管思路由之前的"一刀切"到后来的"差异化监管"，这个转变使企业有更多的选择。最后，监管力度上逐步开始加强定量的指标，强化上市公司的信息披露。

我国的股利监管制度也存在以下问题：

第一，我国的分红政策是与企业的再融资相挂钩，上市公司一旦满足了再融资的要求，就会加剧高派现公司的"逆向选择"，导致恶意融资、恶意圈钱现象，不利于市场稳定有序地发展。因此，建议我国与融资相挂钩的半强制化分红应该从形式上的监管转化为实质监管，不仅规定分红与融资相挂钩，还应该规定融资的具体金额，从实质上进行约束。可以规定上市公司的融资基本不能超过其现金分红的金额，超过的比例可以根据公司发展的具体要求来定。这样，对于融资金额要求高的企业只能多分红，在一定程度上缓解了高派现公司的"逆向选择"。

第二，当前的分红政策是累计三年分红比例不得低于近三年平均可分配利润的30%，这就导致上市公司再融资计划的上一年会突击完成分红任务，实现了高分红、高派现。但前两年的分红金额较少，这就影响了分红的连续性和稳定性，不能给投资者稳定的回报，而且造成再融资前一年超额派现的情况。因此，目前的半强制分红应该调整到要求每一年的具体分红比例，这样会使红利分配更稳定连续。

第三，仍然存在不分红的公司。我国半强制的分红政策已经实施了十几年，整体上市公司的分红状况有明显改善，但仍然有多达200家的"铁公鸡"公司连续11年未进行分红。这说明我国目前的分红监管政策对于"铁公鸡"公司无效，针对这一类公司应加强监管。比如，对于长期不分红的公司约谈，询问不分红的原因并且给予警告，或者连续5年以上不分红的公司给予处罚等具体措施；同时对分红稳定的公司给予融资的"绿色通道"。通过两方面的努力控制"铁公鸡"公司的不分红行为。

第四，处罚力度不够。2013年证监会发布的《上市公司监管指引第3号——上市公司现金分红》中提出，对于红利分配政策的陈述中有重大遗漏或者虚假信息的，证监会应采取相应的监管措施，但并没有具体的行政处罚措施，这样就缺乏足够的约束力。上市公司会认为不分红只是影响再融资，并且没有其他处罚，让其有投机的心理。可以考虑民事、行政、刑事责任并举的方式，丰富惩罚方式，加大处罚力度。

第三节　本章小结

本章主要介绍了我国证券市场信息泄露监管制度的阶段演进和股票市场信息泄露三个具体事件的相关制度法规。

首先，总结了针对证券市场信息泄露问题和利用内幕信息交易立法的四个阶段：①萌芽阶段（1990—1992年），这个阶段的内幕信息主体以内部人为主，内幕信息以利润分配方案为主，这个时期监管处于起步阶段，主要以监督为主，约束力不强。②起步阶段（1992—1997年），伴随着证监会的正式成立，首次对利用内幕信息进行交易的行为立法，标志着我国证券市场正式形成立法规范体系。③发展阶段（1997—2007年），《证券法》和《刑法》对内幕交易明确了行政责任和刑事责任，这是对证券市场信息泄露问题监管的"里程碑"。这个阶段开始出现基金之类机构的经理利用内幕信息的"老鼠仓"行为，并且随着股权分置改革，利用并购重组等重大消息进行内幕交易的数量也开始上升，我国的立法也紧跟着时代变化及时修改，来应对股票市场的信息泄露问题。④逐步成熟阶段（2007年至今），以2007年证监会印发的第一个专门针对中国证券市场利用内幕信息交易的专项规定为起点，我国针对股票市场信息泄露问题的立法也更加全面化、专业化和精细化。

其次，对减持、业绩预告、股利监管等进行制度背景介绍，并对目前政策背景下资本市场可能存在的问题进行分析：第一，《减持新规》施行以来，"清仓式"减持、"过桥"减持等恶意减持的行为得到了一定的遏制，短期来看初有成效。但是长期来看，利用信息优势前期炒作概念，推高二级市场股价再减持的行为还是会出现。在目前股票市场利用信息炒作概念股成风的大环境下，加强减持的监管立法规定，保持资本市场平稳健康发展有着积极意义。第二，我国目前的业绩预测制度是以业绩预告的形式，强制或者自愿取决于公司业绩变化。但我国业绩预告制度的法律责任不明确，违反规定的处罚力度也不够，这就导致对于恶意披露业绩预告的行为没有相应的处罚措施。第三，股利监管制度在分红政策、处罚力度、高派现公司"逆向选择"等方面存在问题。制度背景分析帮助读者更好地理解了本书的现实意义，为后续几章的研究进行了很好的铺垫。

第四章 大股东减持前的信息泄露与机构投资者异常交易

第一节 引言

投资者之间的信息是不对称的，内部人具有信息优势，而外部人处于信息劣势地位，而外部的机构投资者则可能获取内部的私有信息。如果公司营业收入增幅放缓甚至下降、投资回报率下降，但这些信息还没有被市场知悉且没有被股票价格所反应，股票价格相对于基本面被高估。大股东基于这些利空的私有信息，在相对较高的估值水平上减持，那么就可能获得正的超额收益。如果提前获取内幕消息的机构投资者赶在大股东减持之前卖出，也能够获得正的超额收益。个人投资者则可能因为信息劣势，而在大股东减持、机构卖出时而蒙受损失。

关于信息泄露的早期研究侧重于利用确定的内幕消息进行知情交易案例来了解知情交易对股票市场（如股票价格、流动性）的影响（Cornell and Sirri, 1992; Meulbroek, 1992)。近些年，越来越多的研究尝试围绕特定的公司事件去寻找知情交易和信息泄露的证据，（Irvine et al.，2007；Massa and Rehman，2008；Bodna-ruk et al.，2009；Christophe et al.，2010；Jegadeesh and Tang，2010；Ivashina and Sun，2011；Khan and Lu，2013；薛健和窦超，2015；Huang et al.，2016）。以往研究因为数据缺乏和内幕交易的隐蔽性，寻找证据困难，还没有学者对大股东减持前的信息泄露进行研究。那么减持前机构投资者是否已经获取内幕消息？如果机构投资者根据获取的内幕消息提前交易是否会损害个人投资者的利益，财富是否因此转移？减持前机构投资者的异常交易有哪些影响因素？本章将依次解决这三个问题。

首先，本章对2012—2020年A股大股东减持前后机构投资者和个人投资者异常交易进行研究，发现机构投资者能精准地择时交易、择股交易；相对于减持之后，机构投资者在减持之前的超额净卖出显著更高；减持规模与机构投资者的超额净卖出显著正相关；减持股票的未预期盈余与机构投资者的超额净买入显著正相关；相对于机构调研次数低的公司，机构投资者对调研次数多的公司更容易提前卖出。以上结论表明，大股东减持前可能存在信息泄露，机构投资者在减持前的异常交易是获取了内幕信息。其次，发现机构投资者的收益显著为正，个人投资者的收益显著为负。最后，通过实证研究发现机构投资者在大股东减持前的超额净卖出与减持股票的估值显著正相关。

本章的贡献有以下两点：第一，已有文献主要研究减持的大股东对外部股东的利益侵害（Friederich et al.，2002；Aboody and Kasznik，2000），而本章发现，同样作为外部人的机构投资者，能够从内部人的减持中受益，只有中小投资者或个人投资者才是大股东减持中的受害者，这是相对已有文献的主要边际贡献。第二，本书扩展了信息泄露的文献，尤其是增加了大股东减持过程中机构投资者提前获取内幕消息的文献，并且发现内幕信息泄露的后果，即信息在投资者之间的不对称分布导致财富从个人投资者转移到机构投资者手中，本书将丰富人们关于不同外部投资者之间利益冲突的认识。

第二节 文献综述与研究假设

关于机构投资者早期的研究主要集中于利用信息优势的交易，其中一类研究是关于机构投资者的交易行为包含的信息，考察机构投资者是否能够根据信息优势进行有利可图的交易。另一类研究是从财务报告披露的信息中推测机构投资者从持有的信息中获利机构投资者的信息优势不仅包括通过其专业分析能力来解读公开信息，还包括利用其信息渠道进行信息搜寻而获取私有信息，从而帮助其做出更好的决策。择时行为（Timing）是投资者具有信息优势的典型特征，表现为掌握了公司重大信息从而策略性的安排交易时机，使其规避风险或者赚取超额收益。机构投资者不仅需要依赖公开信息，还需要私有信息帮助决策。这里的公开信息指的是通过公共渠道可以获取的信息，如公司财务报表、历史交易信息以及在公开市场中其他投资者的可见行为，而私有信息指的是内部人或少数投资者掌握的"独有"以及小范围传播的信息，其中部分是重大、非公开的内幕信息。

以往大量的研究分析了机构投资者对公开信息的专业分析能力，而私有信息对于机构投资者的决策也起着至关重要的作用，对于掌握了有价值私有信息的机构投资者来说，可以帮助其更好地做出决策。投资者在进行决策时通常都会积极地通过社会关系来获取私有信息，而机构投资者也有获取私有信息的途径，有三类社会关系网络：一是机构投资者之间的关系。对于重大事件的披露，处于信息网络中心比处于信息网络边缘的机构投资者会在更短的时间内做出反应并交易，从而获取更高的收益。二是机构投资者与上市公司之间的关系。以往研究表明，机构投资者与上市公司管理者之间的校友关系、基金经理过去的社会网络，以及证券背景的上市公司董事都会使上市公司获利。三是机构投资者与中介机构之间的关系。如机构投资者在 IPO 询价中的差异度较大，对 IPO 定价水平产生影响。此外，机构投资者通过访问上市公司、与高管电话会议这些公开沟通的方式也能影响自身的决策，在上市公司股市表现好之前买入，在股市表现差之前卖出。

学者们发现机构投资者可能获取私有信息。其中，国外的学者们发现机构投资者在重大事件前获取的信息与尚未公布的分析师报告一致（Irvine et al.，2007）；可能提前获取公司股权融资（Chemmanur et al.，2009）以及首次公开发行 IPO 的信息（Chemmanur et al.，2010）；还探索了机构投资者内幕信息的来源（Huang et al.，2016）。国内学者发现机构投资者与上市公司高管之间存在合谋的证据（潘越等，2011；李胜楠等，2015），机构投资者还能从分析师手中提前获取内幕信息（蔡庆丰和杨侃，2012），并且通过重大事件前机构投资者和个人投资者的仓位变化来验证机构投资者提前获取内幕信息（薛健和窦超，2015）。

在影响股票市场的重要信息中，减持是不可忽视的一个重要信息，是沪深股指大幅度震荡的主要因素之一。股票的真实价值，显然是不可观测的。但大股东等公司内部人相对于外部的机构投资者、个人投资者，显然拥有关于股票真实价值的优势信息，对于公司非公开的信息是最了解情况的（Khan and Lu，2013）。谋求最大减持收益的理性的大股东显然不会在股票价格低估时减持，只会在股票价格高估时减持，换言之，大股东减持这一行为本身，向市场传递股票价格相对于真实价值被高估这一信息。大股东减持的信息到达市场之后，被减持的股票的价格将趋于下降。大股东、机构投资者、中小投资者这三类投资者中，内部人显然是具有信息优势的（张萌等，2020），而作为能获取私有信息的机构投资者也可能提前知悉。因此，我们预期如果大股东减持的信息泄露，机构投资者能提前获取私有信息，那么对于大股东减持会安排时机交易，且交易量显著异于平时的平均水平，最突出的表现就是相对于在减持之后，更倾向于在减持之前卖出，且卖出量高于平时的平均水平。因此，基于可能提前获取内幕信息的机构投资者，提出以下假设：

H4-1：相对于减持之后，机构投资者在减持之前的超额净卖出显著更高。

提前获取内幕信息的机构投资者，不仅表现在对减持的交易时点选择上，还表现在对减持规模的安排上。内部人的交易规模和信息的性质密切相关，以往的文献揭示了投票权和控制权带来的私人利益。如果投票权能够给股东带来私人利益，那么减持数量越多，减持所放弃的私人利益也就越多，只有当减持所获得的利益足够大时，减持才是有利的。通常被减持的股票相对自身价值被高估，所以通过减持才会获利。那么，不管股东的身份是什么，减持规模越大，被减持股票的价格被高估的程度可能越高，其价格相对于内在价值被高估的程度应足够大，才能补偿股东减持所损失的投票权利益。因此，如果机构投资者提前获取了私有信息，那么减持规模越大，机构投资者异常交易的行为越明显，即卖出量高于平时平均水平的程度越高。同时，相对于小规模减持，大规模减持下价格相对于其内在价值被高估的程度更高，机构投资者更倾向于对大规模减持安排时机交易，最突出的表现就是相对于在减持之后，更倾向于在大规模减持之前卖出，且卖出量高于平时平均水平。因此，基于可能提前获取内幕信息的机构投资者，提出以下假设：

H4-2a：减持规模与机构投资者的超额净卖出显著正相关。

H4-2b：相对于小规模减持，机构投资者对大规模减持会表现出更明显的择时行为。

机构投资者努力搜寻一切信息并决定是否调整投资组合以实现收益最大化。作为一种会计信息，未预期盈余是企业实际盈余对投资者预期盈余的偏离，一方面取决于投资者对企业未来盈余预期的准确性；另一方面取决于企业过去的财务信息和未来盈余的相关性，是一种不断更新的信息。从本质来看，未预期盈余反映了信息的不确定性，如果企业未来信息的不确定程度越高，投资者的盈余预期准确性就越低，未预期盈余就越大。如果机构投资者具有信息优势，会基于收益与风险的合理匹配而调整投资组合，这正是对冲不确定信息的结果。也就是说，机构投资者对未来不确定的信息会提前做出与未来实际盈余一致的反应，即当公司未预期盈余上升时，机构投资者提前买入或减少卖出，未预期盈余下降时提前卖出或减少买入。因此，如果机构投资者提前获取了大股东减持的信息，那么就会在减持期间表现出与公司未来盈余一致的交易行为，即减持股票的未预期盈余上升，机构投资者的超常净买入上升，减持股票的未预期盈余下降，机构投资者的超常净买入下降。因此，基于可能提前获取内幕信息的机构投资者，提出以下假设：

H4-3：减持股票的未预期盈余与机构投资者的超额净买入显著正相关。

机构投资者在减持前可能提前获取内幕消息，那么个人投资者与机构投资者相比处于劣势，许多学者对机构投资者和个人投资者的博弈进行研究。Franco 等（2007）发现，财富从个人转移到机构，这很可能归因于分析师的误导性行为。Frazzini 和 Lamont（2006）发现，机构投资者与个人投资者相比能做出更精准的选择，利用盈余公告溢价获利。Ke 和 Petroni（2004）等学者研究表明，机构投资者可以利用信息优势获利。我国学者也有很多相关研究成果，如孔东民和柯瑞豪（2007）考察了各类投资者对盈余公告后漂移的不同作用，发现机构投资者更有信息优势，仓位变化与公告发布之后的盈余正相关；饶平贵和姜国华（2008）研究了机构投资者的交易量与持股比例之间的关系，发现机构未来能获取超额收益，证明了机构投资者更有资源优势；余佩琨等（2009）通过分析机构投资者和个人投资者的仓位变化与股票超额收益率之间的关系，发现机构能利用信息优势获利，而个人投资者在这个博弈过程中受损；李志文等（2008）通过研究机构投资者和个人投资者的"羊群行为"，发现机构投资者比个人投资者更有信息优势，更容易获利；薛健和窦超（2015）发现并购重组公告前，机构投资者能提前买进，个人投资者则采取相反的投资策略，从而导致财富从个人投资者转移到机构投资者手中。因此，根据以往研究得出结论，个人投资者与机构投资者相比处于信息劣势地位，在与机构投资者的博弈中，个人投资因此会受损。减持传递利空信息并且机构投资者提前知悉，能够获得显著为正的财富效应，基于此，提出以下假设：

H4-4：机构投资者在减持过程中获得显著为正的收益，个人投资者会受损。

以往的文献揭示了投票权和控制权的私人利益，如 Barclay 和 Holderness（1988）、Easterbrook（1983）、Levy（1983）等。如果投票权能够给股东带来私人利益，那么减持数量越多，减持所放弃的私人利益也就越多，只有当减持所获利益足够大时，减持才是有利的。通常被减持的股票相对自身价值被高估，所以通过减持将会获得收益。那么，减持规模越大，被减持股票的价格被高估的程度可能越高。基于以上分析，本书认为提前获取内幕消息的机构投资者更可能提前卖出估值高的股票，即如果机构投资者在减持前获取了内幕消息，那么对于估值高的股票，机构投资者在减持前的异常交易量会更高，基于此，提出以下假设：

H4-5：提前获取内幕信息的机构投资者，在大股东减持前的超额净卖出与减持股票的估值显著正相关。

第三节　研究设计

一、样本和数据

机构投资者的数量、规模及其持股比例在 2012 年之后大幅度增加，因此本书以 2012 年为样本区间的起点。我们的初始样本是 2012—2020 年 A 股市场的 5181 个减持事件。如表 4-1 所示，剔除了：①减持数量、减持数量占总股本比例、交易均价等数据缺失 942 个样本观测值；②同一天的多个大股东减持事件视为一个减持事件，减少 505 个样本观测值；③减持股东持股比例小于 5% 不包含在我们的样本中，减少 1334 个样本观测；④将同一家公司减持前后十天的多起减持事件合并，剔除 368 个样本观测；⑤剔除金融行业 20 个观测值，最终包含 2012 个样本单元。

表 4-1 样本选择过程

初始样本		5181
删除样本	数据缺失	942
	同一交易日的多个减持事件	505
	持股比例小于 5% 的股东减持事件	1334
	减持前后十天存在多起减持事件	368
	金融行业	20
最终样本		2012

有关上市公司财务的数据来源于 CSMAR 数据库。机构投资者、个人投资者主动买入、主动卖出股票的数量和金额等交易数据，机构投资者跟踪分析上市公司的数据来自 Wind 数据库。

二、变量及定义

1. 超额收益率和累计超额收益率

定义 R_{it} 为第 i 只股票第 t 个交易日的收益率，定义 R_{mt} 为沪深综指第 t 个交易日的收益率，以减持日为事件日 0，用 -150 日至 -31 日的股票和沪深综指的日收益率估计市场模型 $R_{it} = \alpha_i + \beta_i R_{mt} + \varepsilon_{it}$ 的参数 $\hat{\alpha}_i$ 和 $\hat{\beta}_i$。以减持前 20 个交易日至减持后 20 个交易日为事件窗口，计算出减持股票在这一窗口期每一个事件日的超额收益率，即：

$$AR_{it} = R_{it} - \hat{\alpha}_i - \hat{\beta}_i R_{mt}, \ t \in [-20, +20] \tag{4-1}$$

该股票在期间 $t_1 \sim t_2$ 的累计超额收益率定义为：

$$CAR_{i,t_1,t_2} = \sum_{t=t_1}^{t_2} AR_{it}, \ -20 \leq t_1 \leq 0 \leq t_2 \leq +20 \tag{4-2}$$

2. 投资者的净买入（卖出）、超额净买入（卖出）、累计净买入（卖出）和累计超额净买入（卖出）

对于机构投资者的异常交易，本书用净买入、超额净买入、累计净买入和累计超额净买入四个指标来度量，与 Wang（2011）类似，本书将单笔交易金额大于等于 100 万元的交易，视为机构投资者的交易；将单笔交易金额小于等于 10 万元的，视为个人投资者的交易。

假设市场上存在一个卖出指令，卖出价为 10 元。买方报价小于 10 元时卖方不会卖，交易不会发生；买方报价大于等于 10 元时，卖方才愿意卖，交易才会发生。理性且买入意愿强烈的购买者，能够成交的最低买入价就是卖出指令的报价 10 元。因此，本书将按现有卖出指令报价成交的交易量，定义为主动性买入量，记第 i 只股票第 t 个交易日的主动性买入量为 Buy_{it}。如果主动性买入的金额大于等于 100 万元，即为机构投资者的主动性买入量；如果主动性买入的金额小于等于 10 万元，即为个人投资者的主动性买入量。

同样地，假设市场上存在一个买入指令，买入报价为 10 元。如果卖方的报价高于 10 元，交易也不会发生；如果卖方报价小于等于 10 元，则交易会发生。理性且卖出意愿强烈的投资者，能够成交的最高卖出价，即为现有买入指令的报价 10 元。因此，本书将按现有买入指令报价成交的交易量，定义为主动性卖出量，记第 i 只股票第 t 个交易日的主动性卖出量为 $Sell_{it}$。如果主动性卖出的金额大于等于 100 万元，即为机构投资者的主动性卖出量；如果主动性卖出的金额小于等于 10 万元，即为个人投资者的主动性卖出量。

借鉴 Ayers 等（2008）的方法，定义机构投资者、个人投资者的净买入为：

$$Netbuy_{it} = \frac{Buy_{it} - Sell_{it}}{Buy_{it} + Sell_{it}} \tag{4-3}$$

如果 $Netbuy_{it} > 0$，即为净买入，其直观含义是买入意愿更强烈；反之如果 $Netbuy_{it} < 0$，即为净卖出，表示市场上卖出意愿更强烈。期间 $t_1 \sim t_2$ 的累计净买入

定义为：

$$CNetbuy_{i,t_1,t_2} = \sum_{t_1 \leq t \leq t_2} Netbuy_{it} \qquad (4-4)$$

从净买入 $Netbuy_{it}$ 中剔除正常或预期的净买入，即得到超额净买入。本书用大股东减持事件首次公告之前 60 个交易日到前 11 个交易日的日平均净买入来估计预期净买入，即：

$$ANetbuy_i = \frac{1}{50} \sum_{-60 \leq t \leq -11} Netbuy_{it} \qquad (4-5)$$

那么第 i 只股票第 t 个交易日的超额净买入即可定义为：

$$EXNetbuy_{it} = Netbuy_{it} - ANetbuy_i \qquad (4-6)$$

期间 $t_1 \sim t_2$ 的累计超额净买入即为：

$$CEXNetbuy_{i,t_1,t_2} = \sum_{t_1 \leq t \leq t_2} EXNetbuy_{it} \qquad (4-7)$$

超额净买入、累计超额净买入，净买入、累计净买入，到底哪一组变量能够更好地衡量投资者的交易意愿，主要决定于式（4-5）所示的预期净买入的估计方法是否恰当。为了避免大股东减持事件首次公告，之前 60 个交易日到前 11 个交易日的日平均净买入不能代表预期净买入，因度量误差影响研究结果，本章将交替使用净买入、超额净买入、累计净买入和累计超额净买入来衡量投资者的交易意愿，因为净买入和累计净买入是不依赖正常交易量的估计结果。如果超额净买入、累计超额净买入、净买入、累计净买入小于 0，则表现为卖出，书中直接表述为超额净卖出、累计超额净卖出、净卖出、累计净卖出。

3. 投资者的交易获益

买入之后股票价格上涨，投资者赚了，即 $EXNetbuy_{it} > 0$ 且 $AR_{it} > 0$，此时显然有 $EXNetbuy_{it} \times AR_{it} > 0$。卖出之后股票价格下跌，投资者也赚了，即 $EXNetbuy_{it} < 0$ 且 $AR_{it} < 0$，显然亦有 $EXNetbuy_{it} \times AR_{it} > 0$。因此，我们定义投资者的交易获益为：

$$Gain_{it} = EXNetbuy_{it} \times AR_{it} \qquad (4-8)$$

$Gain_{it}$ 可以近似地估计投资者从交易中赚取的超额收益。用当日的超额收益率与超额净买入相乘，来估计投资者的交易获益，实际上是假设投资者在交易日开市时买入。这一假设太强，因此，本章采用超额净买入与当日、次日的平均超额收益率的乘积来估计投资者的交易获益，即：

$$\text{Gain}_{it} = \text{EXNetbuy}_{it} \times (\text{AR}_{it} + \text{AR}_{it+1})/2 \tag{4-9}$$

用超额净买入估计投资者的交易意愿和交易数量，可能因为预期净买入的估计偏误而存在度量误差。为了避免这种度量误差对研究结果的影响，本章采用投资者的净买入替换式（4-8）和式（4-9）中的超额净买入，即得到投资者交易获益的另外两种测算方法，即：

$$\text{Gain}_{it} = \text{Netbuy}_{it} \times \text{AR}_{it} \ \text{或} \ \text{Gain}_{it} = \text{Netbuy}_{it} \times (\text{AR}_{it} + \text{AR}_{it+1})/2 \tag{4-10}$$

三、模型构建与相关变量计算

为了验证 H4-1~H4-3 和 H4-4，分别构建模型（4-11）和模型（4-12）对全样本进行回归：

$$\text{EXNetbuy\_ d}_{it} = \beta_0 + \beta_1 \times \text{PRE}_{it} + \beta_2 \times \text{Scale}_{it} + \beta_3 \times \text{SUE}_{it} + \beta_i \times \text{Controls} + \varepsilon_{it} \tag{4-11}$$

$$\text{EXNetbuy\_ d}_{it} = \beta_0 + \beta_1 \times \text{Value}_{it-1} + \beta_i \times \text{Controls} + \varepsilon_{it} \tag{4-12}$$

如表 4-2 所示，对于被解释变量 EXNetbuy，根据变量及式（4-4）对于累计净买入的定义，选取减持前 5 天，即窗口期［-5，0］之间机构投资者的超额净买入。在稳健性检验中把［-5，0］之间机构投资者的累计（超额）净买入作为被解释变量。如果 EXNetbuy<0，即为超额净卖出。

模型（4-11）为了检验 H4-1，解释变量 PRE 为机构投资者交易时点的哑变量，检验机构投资者的择时行为。如果机构投资者对于第 i 只股票在减持公告前 5 天，即窗口期［-5，0）之间，超常卖出则为 1，减持公告后 5 天，即窗口期（0，5］之间，超常卖出则为 0。研究预期 PRE 的系数显著为负，即机构投资者在大股东减持前的超常净卖出显著更高。

为了检验 H4-2，解释变量 Scale 为减持规模，是第 i 只股票在减持日的减持规模，即减持金额的自然对数。研究预期 Scale 的系数显著为负，即减持规模越大，机构投资者的超常净卖出显著越高。

为了检验 H4-3，解释变量 SUE 为标准化的未预期盈余，借鉴 Solomon 和 Soltes（2015）用未预期盈余作为信息优势的度量指标来考察机构投资者获取私有信息的能力。

为了检验 H4-4，把减持上一年的市盈率 PE 和市净率 PB 分别作为解释变量中企业估值的两个度量方法。

根据以往文献，控制其他影响机构投资者异常交易的因素，包括公司盈利能力、是否控股股东减持、账面市值比、机构持股比例、公司规模、换手率，具体的变量定义如表 4-2 所示，同时，还控制了年度固定效应和行业固定效应。

表 4-2　变量定义

变量名称	变量符号	变量定义
超额净买入	EXNetbuy	机构投资者对于第 i 只股票在减持公告日前后 5 天，即 [-5, 5] 之间每日的超常净买入
机构投资者的交易时点	PRE	机构投资者对于第 i 只股票在减持公告前 5 天，即窗口期 [-5, 0) 之间，超常卖出则为 1，减持公告后 5 天，即窗口期 (0, 5] 之间，超常卖出则为 0
减持规模	Scale	减持金额的自然对数
未预期盈余 1	SUE1	分析师预测误差计算的未预期盈余
未预期盈余 2	SUE2	时间序列模型计算的未预期盈余
股票估值 1	Value1	减持上一年末的市盈率
股票估值 2	Value2	减持上一年末的市净率
盈利能力	ROE	净资产/所有者权益
是否控股股东	Stake	控股股东减持为 1，否则为 0
账面市值比	B/M	所有者权益账面价值/总市值
机构持股比例	InsHold	减持股票年初的机构持股比例
公司规模	Size	公司总市值的自然对数
换手率	Turnover	减持公告日前后 5 天，即 [-5, 5] 日股票的平均换手率
成长能力	Growth	减持当年的营业收入增长率

第四节　实证结果及分析

一、主要变量的描述性统计

本书的主要变量描述性统计如表4-3所示，可以看出，从减持日前5个交易日至减持日，机构超额净买入的均值为-0.28、中位数为-0.23，均小于0，这一窗口期内机构累计超额净买入的均值和中位数分别为-4.75、-3.14，也小于0。这一结果表明，机构在大股东减持的同时，也在意愿强烈地卖出，这是巧合还是已经知情？减持前5个交易日至减持日，个人投资者超额净买入的均值为0.18、中位数为0.17，都大于0。个人累计超额净买入的均值和中位数分别为0.77、0.53，均大于0。这意味着，在大股东、机构投资者意愿强烈地卖出的同时，个人投资者在买入，这是不是意味着系统性的财富再分配？减持前一年末市盈率的均值和中位数分别为91.44、50.07，这表明减持的股票很可能是相对估值较高的股票。机构交易时点的均值为0.59，说明机构整体更倾向于在减持前异常交易。两种度量方式的未预期盈余均值分别是-0.04和-0.04，说明市场普遍预期过于乐观，研究样本的信息性质在平均意义上属于坏消息。

表4-3　主要变量的描述性统计

变量	均值	中位数	标准差	最小值	最大值
CEXNetbuy_ in	-4.75	-3.14	9.22	-54.46	39.55
CEXNetbuy_ pr	0.77	0.53	3.32	-18.92	13.73
EXNetbuy_ in	-0.28	-0.23	1.19	-5.35	17.12
EXNetbuy_ pr	0.18	0.17	0.50	-4.53	2.61

续表

变量	均值	中位数	标准差	最小值	最大值
PRE	0.59	1	0.49	0	1
Scale	6.79	6.72	1.00	4.09	11.02
SUE1	-0.04	-0.02	0.07	-0.44	0.03
SUE2	-0.04	-0.02	0.06	-0.45	0.02
Value1	91.44	50.07	873.71	-11908.66	16189.42
Value2	4.26	3.78	43.82	-1627.04	462.99
Stake	0.15	0.00	0.36	0.00	1.00
ROE_{t-1}	4.95	4.92	8.26	-68.06	59.99
ROE	3.48	3.60	8.07	-77.65	59.81
$Growth_{t-1}$	34.00	11.00	3.01	-91.00	8499.00
Growth	18.60	11.11	52.16	-91.06	587.69
Turnover	4.65	3.58	3.87	0.15	40.46
Size	22.41	22.42	0.77	20.41	25.17

二、机构投资者提前获取内幕信息

1. 择时行为

如果机构投资者在减持前获取了内幕消息，在减持前的异常交易量会增大，择时卖出，首先，对全样本里机构投资者在减持前后的净买入以及减持前后的累计超额收益率进行分析。从表4-4可以看出：从减持首次公告日前5天至后5天的窗口期内，机构投资者的（累计）净买入显著为负，即（累计）净卖出显著为正。-5日至+5日这一期间，机构投资者的累计超额净买入显著为负，即累计超额净卖出显著为正。这说明将这一期间作为一个整体来看，机构投资者在显著地卖出。其中，-1日和0日，机构投资者的超额净买入显著为负，即超额净卖出显著为正，说明机构投资者在减持前一天的股票卖出量超出平时的卖出水平。从表4-5可以看出，减持前20天的CAR为正，说明机构投资者在减持前超出平时水平的卖出似乎不是对公司的公开不利消息的反应。CAR值在减持前一天达到最高点0.0331，之后开始连续且迅速地下降，说明减持向市场传递了不利的信号。机构投资者在股票累计超额收益率的最高点，选择超出平时水平"精准"卖出股票的择时行为，很可能是提前得知了内幕消息。其次，分析股票的超额收益率，如图4-1所示，当减持股票的超额收益率为正，机构投资者的超额净买入为正；超额收益率为负，机构投资者的超额净买入为负。两者的相关系数达到0.8999，这意味着机构投资者买入即涨，卖出即跌。超额收益率低时，机构投资者的净卖出高；超额高时，机构投资者的净卖出低。机构投资者的净买入和股票的超额收益率的相关系数达到0.9，这也意味着买入多则涨得多或跌得少，买入少则涨得少或跌得多。这一结果表明，机构投资者在大股东减持前后这一窗口期内，是能够通过交易获益的。反之，-5日至+5日这一期间，个人投资者的净买入、累计净买入、超额净买入、累计超额净买入与机构投资者相反，在大股东、机构投资者卖出的同时，个人投资者却在买入。个人投资者的净买入和超额净买入与减持股票的超额收益率呈现出负相关关系，相关系数分别为-0.5696和-0.5702，这说明，从总体上看，个人投资者买入即跌，卖出即涨。这一经验结果表明，存在着从个人投资者向机构投资者的系统性财富转移，之后将寻找财富转移的证据。

表4-4　全样本：机构、个人投资者大股东减持前后的（累计）

超额净买入、（累计）净买入

事件日	机构投资者		个人投资者		机构投资者		个人投资者	
	超额净买入	累计超额净买入	超额净买入	累计超额净买入	净买入	累计净买入	净买入	累计净买入
-5	0.004	-0.464 ***	-0.002	0.738 ***	-0.043 ***	-0.285 ***	0.005	0.148 ***
-4	0.022 **	-0.467 ***	-0.001	0.746 ***	-0.025 ***	-0.239 ***	0.006 **	0.138 ***
-3	0.021 **	-0.469 ***	0.002	0.757 ***	-0.026 ***	-0.264 ***	0.009 ***	0.155 ***
-2	0.021 *	-0.474 ***	0.004	0.767 ***	-0.026 ***	-0.292 ***	0.011 ***	0.162 ***
-1	-0.010 *	-0.481 ***	0.015 ***	0.796 ***	-0.057 ***	-0.242 ***	0.022 ***	0.145 ***

续表

事件日	机构投资者		个人投资者		机构投资者		个人投资者	
	超额净买入	累计超额净买入	超额净买入	累计超额净买入	净买入	累计净买入	净买入	累计净买入
0	−0.039***	−0.491***	0.021***	0.832***	−0.086***	−0.267***	0.028***	0.134***
1	−0.015***	−0.498***	0.001	0.849***	−0.061***	−0.278***	0.008**	0.164***
2	0.011***	−0.504***	−0.001	0.856***	−0.035***	−0.304***	0.006**	0.136***
3	0.009	−0.508***	−0.001	0.861***	−0.038***	−0.259***	0.006**	0.152***
4	0.002	−0.512***	0.000	0.871***	−0.044***	−0.291***	0.007**	0.156***
5	−0.004	−0.518***	0.005	0.884***	−0.051***	−0.342***	0.012***	0.157***

注：***、**、*分别表示在1%、5%和10%的水平上显著。

表4-5 减持前后窗口期［−20，20］CAR值

交易日	全部样本		
	样本数	CAR	t值
−20	904	0.0012	0.34
−10	904	0.0099***	2.77
−9	904	0.0116***	3.06
−8	904	0.0125***	3.13
−7	904	0.0129***	3.05
−6	904	0.0155***	3.43
−5	904	0.0174***	3.78
−4	904	0.0199***	4.13
−3	904	0.0251***	4.97
−2	904	0.0304***	5.69
−1	904	0.0331***	6.23
0	904	0.0233***	4.33
1	904	0.0204***	3.75
2	904	0.0208***	3.75
3	904	0.0219***	3.86
4	904	0.0197***	3.44
5	904	0.0185***	3.22
6	904	0.0194***	3.27

续表

交易日	全部样本		
	样本数	CAR	t 值
7	904	0.0195 ***	3.25
8	904	0.0196 ***	3.22
9	904	0.0200 ***	3.21
10	904	0.0191 ***	3.00
20	904	0.0104	0.56

注：***、**、*分别表示在1%、5%和10%的水平上显著。

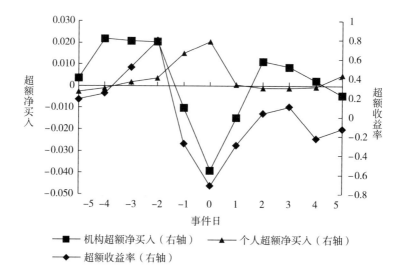

图4-1 大股东减持前后股票的超额收益率、机构和个人投资者的超额净买入

2. 择股行为

接下来从机构投资者的择股行为角度继续寻找知情交易的证据。因为机构投资者在减持前卖出股票，本书将减持前5天，即窗口期［-5，0］机构投资者和个人投资者的净买入按照从小到大排序并分成十组。第一组是卖出意愿最强烈的一组，净买入为负；第十组是买入意愿最强烈的一组，净买入为正。然后分别计算机构投资者和个人投资者卖出意愿最强烈组和买入意愿最强烈组的累计超额收

益率（见图4-2）：机构投资者和个人投资者卖出意愿最强烈组的 CAR 值对比，机构投资者卖出意愿强烈的股票，累计超额收益率在 0 天之前达到最大值 0.042，之后迅速跌落；个人投资者卖出意愿强烈的股票在窗口期内 CAR 值持续上升。图 4-3 中可以看出，机构买入意愿强烈的股票累计超额收益率持续上升；而个人投资者买入意愿强烈的股票累计超额收益率持续下降。综上可以看出，机构投资者总能做出"精准"选择，卖出即跌，买入即涨，说明机构投资者可能提前知道了减持的消息，这种择股行为进一步证明机构投资者存在知情交易。个人投资者总是卖出即涨，买入即跌，在毫不知情的情况下接盘，这种相反的投资选择进一步说明财富从个人转移到机构投资者手中。为了加强稳健性，本书将窗口期 [-5, 0] 机构投资者和个人投资者按照超额净卖出从大到小分成十组进行检验，结果相同。

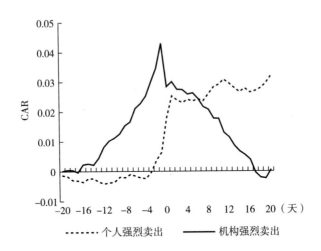

图 4-2　大股东减持前机构和个人卖出意愿最强烈组的 CAR 值

以上说明机构投资者择股准确，并不能充分说明机构投资者是提前获取了内幕消息做出的反应，为了进一步检验机构投资者的异常交易是因为提前获取了内幕消息，本书将减持变动金额占总股本百分比的前 20% 和后 20% 定义为大规模和小规模的减持，分组对比机构投资者在减持前的行为。因为，如果大规模的减持包含更多的信息，那么大规模的减持更有可能出现信息泄露。Seyhun（1986，1998）认为，较大规模的减持会导致更多的负超额收益。Datta 和 Iskandar（2000）则表明，减持的规模是债券交易员用来识别以信息为动机的减持的信号。Khan 和 Lu（2013）发现，与大规模减持相比，卖空者的超额卖空与小规模减持之间似乎没有关系。

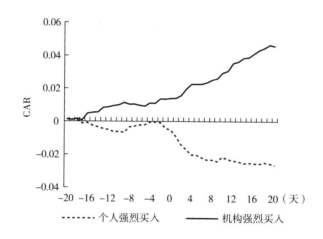

图4-3　大股东减持前机构和个人买入意愿最强烈组的 CAR 值

从表4-6可以看出，对于大规模减持，机构投资者的超额净买入在减持前3天都是显著为负，即净卖出显著为正，累计超额净卖出也在减持前5天显著为负；再看小规模减持，减持前超额净买入和累计超额净买入并没有显著为正，同样，大规模减持样本和表4-4全样本对比，减持前超额净卖出的数量和天数都更多。如果机构投资者只是择股判断精准，不是获取了内幕消息，那么为何能做出这样精准且万无一失的选择？这进一步充分说明机构投资者可能是提前获取了消息的知情交易。从小规模减持样本中，机构投资者和个人投资者无显著差别的卖出选择，又说明了机构投资者对获取大规模减持的信号更感兴趣，因为大规模减持传递着更强烈的利空信号。为了加强稳健性，对大规模和小规模的减持又按照减持变动金额占总股本百分比的前10%和后10%进行划分，结果相同。

表4-6　大规模和小规模减持前后投资者的（累计）净买入、（累计）超额净买入

事件日	大规模减持				小规模减持			
	机构投资者		个人投资者		机构投资者		个人投资者	
	超额净买入	累计超额净买入	超额净买入	累计超额净买入	超额净买入	累计超额净买入	超额净买入	累计超额净买入
−5	−0.026	−0.421**	−0.007	0.199	0.040	−0.008	0.071	0.038
−4	0.055	−0.211**	0.001	−0.313	0.053	−0.002	0.085	0.029
−3	−0.027**	−0.882**	0.006	0.184	0.004	0.003	0.035	0.042
−2	−0.057***	−0.834***	0.011	0.285	0.111	0.011	0.106	0.035
−1	−0.033***	−0.618***	0.013**	0.533	0.052	0.018	0.089	0.037
0	−0.017	−0.487**	0.010***	0.193	−0.062*	0.022	−0.003	0.059
1	0.040	−0.629***	−0.005	−0.041	−0.003	−0.004	−0.057	0.040
2	0.030	0.002	−0.019	−0.275	−0.008	0.012	0.058	0.037
3	−0.052*	−1.204**	−0.004	−0.156	0.011	−0.001	−0.003	0.036
4	−0.002	−0.733**	0.001	−0.034	−0.004	0.008	0.093	0.016
5	−0.028**	−0.513**	0.005	−0.372	0.023	0.009	0.047	0.044

注：***、**、*分别表示在1%、5%和10%的水平上显著。

3. H1~H3的检验：机构投资者提前获取内幕信息与异常交易的关系

为了检验机构投资者的异常交易可能是提前获取了内幕信息，即 H4-1、H4-2a 和 H4-3，对模型（4-11）进行回归分析，结果如表4-7所示，机构投资者交易时点的哑变量 PRE 回归系数为−0.629，并且在5%水平上显著为负，说明相对于大股东减持之后，机构投资者在减持之前的超常净卖出显著更高。减持规模 Scale 的回归系数为−3.67，并且在1%水平上显著为负，说明减持规模越大，机构投资者的超常净卖出显著越高。未预期盈余 SUE1 的回归系数为16.342，在1%的水平上显著为正，说明机构投资者的异常交易与未来盈余一致。当未预期

盈余为SUE2时，结果与SUE1一致。表4-7的结果支持了H4-1、H4-2a和H4-3。说明机构投资者的异常交易可能是提前获取了内幕信息。

为了检验相对于小规模减持，机构投资者对大规模减持会表现出更明显的择时行为，即H4-2b，把全样本按照减持规模大小分为两组，即大规模减持组和小规模减持组。分别对2个子样本中机构投资者的交易时点与超常净卖出进行回归分析，结果如表4-7所示，在大规模减持组中，机构投资者交易时点PRE的回归系数显著为负，而在小规模减持组中，机构投资者交易时点PRE的回归系数不显著，说明不同减持规模下机构投资者表现出不同的择时行为，相对于小规模减持，机构投资者对大规模减持表现出更明显的择时行为，结果支持了H4-2b。

表4-7 机构投资者提前获取内幕信息与异常交易回归结果

变量	EXNetbuy			
	全样本		大规模组	小规模组
PRE	−0.629**	−0.628**	−0.878*	−0.1
	(−2.00)	(−2.00)	(−1.89)	(−0.30)
Scale	−3.67***	−3.668***		
	(−22.76)	(−22.73)		
SUE1	16.342***			
	(5.31)			
SUE2		15.794***		
		(5.00)		
ROE	4.97***	5.156***	12.692***	5.728***
	(3.99)	(4.13)	(8.24)	(5.27)
Stake	−8.147***	−8.144***	−11.366***	−3.389**
	(−6.31)	(−6.31)	(−6.05)	(−2.37)
B/M	−6.876***	−6.873***	−10.974***	−6.314***
	(−8.02)	(−8.00)	(−9.12)	(−6.52)
InsHold	−2.091**	−2.054**	−1.173	−1.264
	(−2.46)	(−2.42)	(−0.93)	(−1.40)

	EXNetbuy			
变量	全样本		大规模组	小规模组
Size	-6.657***	-6.653***	-10.387***	-4.019***
	(-25.07)	(-25.05)	(-29.54)	(-13.63)
Turnover	-1.814***	-1.814***	-2.407***	-0.909***
	(-38.62)	(-38.60)	(-32.53)	(-19.56)
Year	Yes	Yes	Yes	Yes
Ind	Yes	Yes	Yes	Yes
Constant	4.001*	3.979*	4.762	1.349
	(1.70)	(1.69)	(1.42)	(0.5)
N	7276	7276	4479	2797
F	131.86	131.71	80.45	23.57
Adj·R^2	0.389	0.389	0.367	0.214

注：***、**、*分别表示在1%、5%和10%的水平上显著，括号内数值为t值。

4. 机构投资者的调研次数与异常交易

Huang、Lu 和 Wang（2016）认为，机构投资者知情交易的途径是通过提前获取未向公众披露的信息，如果机构投资者经常通过投资银行、贷款和资产管理部门与公司直接沟通，那么机构投资者就有可能获取内幕消息。相对于个人投资者而言，机构投资者有更多的机会和渠道获得公司内部的信息。饶品贵和姜国华（2008）发现，机构投资者不仅是外部投资者，同时部分机构投资者具有大股东的内部人身份，因此可以利用自身优势获取内部消息。或者机构投资者到上市公司调研，也是一个正式的获取公司内部信息的方式。因此，如果机构在大股东减持前获取了内幕消息，那么减持公告前调研次数越高，异常交易量可能越大。因为全样本中机构投资者的超额净买入在减持前一天显著为负，说明机构最有可能在减持前一天卖出股票，所以本书将机构投资者、个人投资者减持前一个交易日的净买入、超额净买入，分别按照减持上一年机构到上市公司跟踪调研的总次数从高到低排序，等分成高、中、低三组。

结果如表4-8所示：①机构投资者调研次数最高的样本组，机构投资者的净买入为负，个人投资者的净买入为正，并且差额在1%的水平上显著。机构投资者的超额净买入为负，个人投资者的超额净买入为正，其差异在10%的水平上显著。这表明，机构投资者有可能借助减持公告前的调研，获得大股东的私有信息，而个人投资者则没有这些私有信息，说明机构调研可能是机构投资者获取内幕消息的渠道。②逐对比较的结果表明，调研次数高的样本组，机构投资者的净买入、超额净买入高于其他样本组。调研次数高的样本组，机构投资者与个人投资者净买入的差异、超额净买入的差异，相对于其他样本组，显著更高。这一结果也表明，调研次数与减持前机构投资者的净卖出正相关，机构投资者可能通过调研的方式获取了内幕信息。

表4-8　机构投资者调研次数与（超额）净买入

机构跟踪调研次数	超额净买入			净买入		
	机构[a]	个人	差额[b]	机构[c]	个人	差额[d]
高	-0.016	0.014	-0.030*	-0.063	0.021	-0.083***
中	0.006	0.011	-0.005	-0.040	0.018	-0.059***
低	0.024	0.019	0.005	-0.023	0.026	-0.049**

注：***、**、*分别表示在1%、5%和10%的水平上显著。
abcd表示无论是机构的超额净买入、净买入，还是机构相对于个人超额净买入、净买入的差额，高调研组相对于中、低组的差异，均在1%的水平上显著。

三、机构和个人投资者的财富效应

机构投资者在超额收益率为正时（超额）净买入为正，超额收益率为负时（超额）净买入为负，即买了涨卖了跌；个人投资者超额收益率为正时（超额）净买入为负，超额收益率为负时（超额）净买入为正，即买了跌卖了涨。这意味着在减持窗口期内，机构投资者可能盈利，而个人投资者可能亏损，存在系统性的财富转移。为了研究减持窗口期内机构与个人投资者之间的财富转移现象，本书根据本章第三节研究设计中式（4-8）~式（4-10）所示的投资者交易获益的方法，估算了减持首次公告前5个交易日至公告后5个交易日机构投资者和个人投资者的交易获益。

根据图4-4和表4-9，对于全部减持样本，有如下结论：①如果用当日超额净买入×当日超额收益率来估计交易获益，自-5日至+2日，机构投资者的获益显著为正，机构投资者能够赚取显著为正的超额收益；-5日、-3日至+3日，个人投资者的获益显著为负，个人投资者则是显著亏损。②如果用当日超额净买

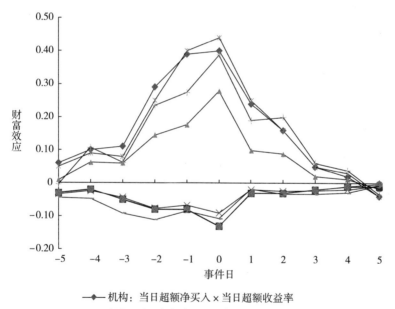

图4-4 减持窗口期内机构和个人投资者的交易获益

入×当日和次日平均超额收益率来估计交易获益,自-4日至+2日,机构投资者的获益显著为正;自-5日至+4日,个人投资者的获益显著为负。③如果用当日净买入×当日超额收益率来估计交易获益,自-4日至+2日,机构投资者的交易获益显著为正;自-5日至+3日,个人投资者的交易获益显著为负。④如果用当日净买入×当日和次日平均超额收益率来估计交易获益,-4日、-2日至+2日,机构投资者的交易获益显著为正;-5日至0日、+2日至+4日,个人投资者的交易获益显著为负。这些结果与H4-2的预期是一致的,即提前获取内幕消息的机构投资者能够从交易中赚取显著的超额收益,而个人投资者则显著地亏损。

表4-9 全样本:机构、个人投资者大股东减持前后的财富效应

事件日	I.当日超额净买入×当日超额收益率(%)		II.当日超额净买入×当日和次日平均超额收益率(%)		III.当日净买入×当日超额收益率(%)		IV.当日净买入×当日和次日平均超额收益率(%)	
	机构投资者	个人投资者	机构投资者	个人投资者	机构投资者	个人投资者	机构投资者	个人投资者
-5	0.06**	-0.03**	0.01	-0.03**	0.05	-0.03**	0.00	-0.04**
-4	0.10***	-0.02	0.06***	-0.02**	0.09**	-0.02	0.11*	-0.05*
-3	0.11**	-0.05***	0.06***	-0.04***	0.08**	-0.05***	0.06	-0.09***
-2	0.29***	-0.08***	0.14**	-0.08***	0.25***	-0.08***	0.23***	-0.11***
-1	0.39***	-0.08***	0.18**	-0.07**	0.40***	-0.08***	0.27***	-0.08***
0	0.40***	-0.13***	0.28**	-0.09**	0.44***	-0.13***	0.39***	-0.11***
1	0.24***	-0.03*	0.10**	-0.02**	0.25**	-0.03*	0.19***	-0.02
2	0.16**	-0.03**	0.09**	-0.02**	0.16**	-0.03**	0.20**	-0.03**
3	0.05	-0.02**	0.02	-0.02**	0.05	-0.02**	0.06	-0.03**
4	0.02	-0.01	0.01	-0.02**	0.03	-0.01	0.04	-0.03**
5	-0.04	-0.01	-0.02	-0.01	-0.04	0.00	-0.03	-0.01

注:***、**、*分别表示在1%、5%和10%的水平上显著。

进一步地,对非解禁股样本进行分析,结果如表4-10所示。本书发现,无论用哪种方法估计交易获益,机构投资者都能在大股东减持公告前赚取显著为正

的超额收益，个人投资者在减持公告前的超额收益则显著为负，这一结果和全样本是基本一致的。这说明机构投资者可能提前获取内幕消息，并且在减持前的异常交易量增大，这一行为导致财富从个人投资者向机构投资者转移，H4-4 得到检验。

表 4-10　非解禁股样本：机构、个人投资者大股东减持前后的财富效应

事件日	Ⅰ. 当日超额净买入×当日超额收益率（%）		Ⅱ. 当日超额净买入×当日和次日平均超额收益率（%）		Ⅲ. 当日净买入×当日超额收益率（%）		Ⅳ. 当日净买入×当日和次日平均超额收益率（%）	
	机构投资者	个人投资者	机构投资者	个人投资者	机构投资者	个人投资者	机构投资者	个人投资者
-5	-0.06	-0.11	-0.11	-0.10	-0.11	-0.10	-0.10	-0.07
-4	0.13	-0.07	0.12	-0.07*	0.12	-0.07	0.03	-0.07
-3	0.13	0.01	0.08	0.02	0.08	0.02**	-0.03	0.02
-2	0.31**	-0.13	0.25	-0.13**	0.25	-0.13	0.06	-0.18**
-1	0.36**	-0.18**	0.36**	-0.18	0.36**	-0.18	0.14*	-0.13*
0	0.40**	-0.04	0.46***	-0.05	0.46***	-0.05**	0.35***	-0.05*
1	0.14**	-0.05*	0.18	-0.06	0.18***	-0.06	0.08	-0.03
2	0.09	-0.02	0.08	-0.02	0.08	-0.02	0.03	0.01
3	0.03	-0.01	0.05	-0.01	0.05	-0.01	0.07	0.00
4	-0.03	0.01	0.00	0.00	0.00	0.00	-0.01	-0.01
5	-0.12	0.03	-0.12	0.03	-0.12	0.03	-0.09	0.01

注：***、**、*分别表示在1%、5%和10%的水平上显著。

四、信息泄露的影响因素

为了验证 H4-5 大股东减持前机构投资者异常交易的影响因素，对模型（4-12）进行回归分析，结果如表 4-11 所示：①当解释变量减持股票的估值为 Value1 时，不考虑控制变量时 Value1 系数为-0.146，在 1%的水平上显著为负，考虑控制变量时系数为-0.132，在 1%的水平上显著为负。②当解释变量减持股票的估值为 Value2 时，不考虑控制变量时 Value2 的系数为-0.231，在 5%的水平上

显著为负，考虑控制变量时系数为-0.216，在10%的水平上显著为负。这说明减持前机构投资者的净卖出和减持股票的估值显著正相关，减持股票的估值越高，减持前机构卖出的越多，表明减持前估值高向市场传递被减持股票价格相对被高估的信息，提前获取内幕消息的机构投资者的超额净卖出显著更高，H4-5得到初步检验。

表4-11 机构投资者的异常交易与股票估值回归结果

变量	EXNetbuy			
Value1	-0.146***	-0.132***		
	(-3.82)	(-5.32)		
Value2			-0.231**	-0.216*
			(-2.10)	(-1.81)
$ROA_{i,t-1}$		-0.197***		-0.186***
		(-9.19)		(-8.72)
$ROA_{i,t}$		0.187***		0.178***
		(8.55)		(8.13)
$Growth_{i,t-1}$		-0.000*		-0.000
		(-1.68)		(-1.15)
$Growth_{i,t}$		0.003***		0.003***
		(4.61)		(4.28)
$Turnover_{i,t}$		-0.027***		-0.024***
		(-3.36)		(-3.05)
$Size_{i,t}$		-0.089*		-0.072
		(-1.79)		(-1.45)
Ind & Year	NO	YES	NO	YES
Constant	-0.428***	1.870*	-0.443***	1.428
	(-14.07)	(1.69)	(-14.60)	(1.29)
Observations	7276	7276	7276	7276
F	14.63	16.53	4.39	15.63
R^2	0.002	0.076	0.001	0.072

注：***、**、*分别表示在1%、5%和10%的水平上显著，括号内数值为t值。

控制变量中，减持前机构投资者的超额净买入与减持上一年的总资产回报率（ROA）显著负相关，与减持当年的总资产回报率显著正相关。减持前业绩好，减持后业绩差，说明股票价格相对于基本面被高估的可能性高。同样，减持前机构投资者的超额净买入与减持前一年的营业收入增长率（Growth）显著负相关，与减持年度的主营业务收入增长率显著正相关。减持前成长性好，减持后成长必下降，说明股票价格相对于基本面被高估的可能性高。ROA 和 Growth 传递了股票价格相对于基本面被高估的可能性，机构投资的净卖出显著更高。周转率（Turnover）的系数显著为负，周转率越高股票知情交易的概率越大。这些结果进一步验证了 H4-5。

第五节　稳健性检验

为了增强以上结果的可靠性，本节将进行以下的稳健性检验：

一、非解禁股子样本的检验

根据我国现行制度安排，大股东持有的股票在公司上市之后一定期限内不得在二级市场售出，这就是限售期。限售期届满，大股东持有的股票可以通过二级市场减持，这就是限售股解禁。本章将全样本划分为两个子样本：①解禁股样本，即大股东在限售期届满就减持的样本；②非解禁股样本，即大股东在限售期届满之后一段时间才减持的样本。

对于解禁股样本，大股东在解禁日是否立即减持？如果减持的话减持数量多少，减持价格多高？事前仍然无法为外部投资者所确知，因此外部的机构投资者仍然有动机获取内幕消息。但这些股票的解禁日是事前为所有外部投资者所确知的，因此外部投资者可以合理地估计这些股票减持的概率。那么，对于解禁股样本，机构投资者在大股东减持之前卖出，既可以解释为知情交易，也可以解释为机构投资者的理性预期。对于非解禁股样本，由于大股东减持发生在解禁之后，大股东是否减持？何时减持？减持多少？以什么价格减持？在减持公告之前，外部投资者（无论是机构还是个人）都不知晓。所以，对于非解禁股样本而言，如果机构投资者在大股东减持之前即卖出，提前获取内幕消息的可能性相对于解禁股样本更高，以非解禁股样本进行稳健性检验。

表4-12是非解禁股样本机构投资者、个人投资者的净买入、超额净买入，累计净买入、累计超额净买入，可以看出结果与全样本基本相同：-1日和0日，机构投资者的（超额）净买入显著为负，即（超额）净卖出显著为正，减持公告-5至+5日，机构投资者的累计超额净卖出显著为正，-1日和0日，机构投资者的累计净卖出也显著为正。在非解禁股样本中，机构投资者在大股东减持前净卖出；相反，个人投资者在-3日和0日的净买入、超额净买入显著为正。个人投资者处于信息劣势地位，总是和"聪明"的机构投资者选择不同的买入（卖出）策略。对非解禁股的检验进一步说明机构投资者的择时行为可能是提前获取了内幕消息。

表4-12　非解禁股样本：机构、个人投资者大股东减持前后的（累计）超额净买入、（累计）净买入

事件日	机构投资者		个人投资者		机构投资者		个人投资者	
	超额净买入	累计超额净买入	超额净买入	累计超额净买入	净买入	累计净买入	净买入	累计净买入
-5	0.022	-0.463***	0.007	0.078	-0.038	-0.067	0.010	0.026
-4	0.050*	-0.465***	0.001	0.084	-0.010	-0.078	0.004	0.031
-3	0.037	-0.467***	0.024***	0.115	-0.023	-0.099	0.028***	0.057*
-2	0.054*	-0.467***	0.001	0.126	-0.005	-0.102	0.004	0.060*
-1	-0.031*	-0.479***	0.006	0.136	-0.091**	-0.191*	0.009	0.070

续表

事件日	机构投资者		个人投资者		机构投资者		个人投资者	
	超额净买入	累计超额净买入	超额净买入	累计超额净买入	净买入	累计净买入	净买入	累计净买入
0	−0.039*	−0.490***	0.020**	0.159	−0.099***	−0.290***	0.024**	0.093**
1	−0.015	−0.498***	−0.011	0.146	−0.075***	−0.364***	−0.007	0.086*
2	0.026	−0.501***	0.009	0.158	−0.034	−0.398***	0.012	0.099*
3	0.009	−0.507***	−0.011	0.151	−0.051*	−0.449***	−0.008	0.091*
4	0.015	−0.510***	0.006	0.155	−0.045	−0.488***	0.010	0.098*
5	−0.005	−0.517***	0.011	0.167	−0.065**	−0.554***	0.014	0.113*

注：***、**、*分别表示在1%、5%和10%的水平上显著。

表4-13是非解禁股样本在模型（4-11）中的回归结果，当解释变量减持规模为Scale1时，不考虑控制变量时Scale1的系数为−0.271，在1%的水平上显著为负，考虑控制变量时系数为−0.226，在5%的水平上显著为负；当解释变量减持规模换为Scale2，不考虑控制变量时Scale2的系数为−1.457，在10%的水平上显著为负，考虑控制变量时系数为−0.923，在10%的水平上显著为负。这说明对于非解禁股样本，减持前机构投资者的净买入和减持规模显著负相关，减持规模越大，减持前机构显著卖出的越多，减持规模大向市场传递被减持股票价格相对被高估的信息，提前获取内幕消息的机构投资者的超额净卖出显著更高，H4-2进一步得到验证。

表4-13　非解禁股样本中机构投资者异常交易与减持规模的回归结果

变量	EXNetbuy			
Scale1	−0.271*** (−3.17)	−0.226** (−2.03)		
Scale2			−1.457* (−1.78)	−0.923* (−1.75)

续表

变量	EXNetbuy			
$ROA_{i,t-1}$		-0.433^{***}		-0.465^{***}
		(-5.51)		(-6.08)
$ROA_{i,t}$		0.412^{***}		0.447^{***}
		(5.07)		(5.68)
$Growth_{i,t-1}$		0.000^{***}		0.000^{***}
		(3.34)		(3.62)
$Growth_{i,t}$		0.001		0.001
		(0.78)		(0.73)
$Turnover_{i,t}$		-0.020		-0.016
		(-0.99)		(-0.79)
$Size_{i,t}$		0.040		-0.161
		(0.24)		(-1.20)
Ind & Year	NO	YES	NO	YES
Constant	2.070^{***}	1.794	0.092	4.642
	(3.32)	(0.53)	(0.99)	(1.52)
Observations	764	764	764	764
F	10.07	9.69	3.18	9.56
R^2	0.013	0.262	0.001	0.260

注：***、**、*分别表示在1%、5%和10%的水平上显著。括号内数值为t值。

表4-14是非解禁股样本在模型（4-12）中的回归结果，当解释变量减持股票的估值为Value1时，不考虑控制变量时Value1的系数为-0.196，在10%的水平上显著为负，考虑控制变量时Value1的系数为-0.217，在5%的水平上显著为负；当解释变量减持股票的估值为Value2时，考虑控制变量的条件下系数为-0.178，在10%的水平上显著为负。这说明减持前机构投资者的净买入和减持股票的估值负相关，减持股票的估值越高，减持前机构显著卖出的越多，说明减持前估值高向市场传递被减持股票价格相对被高估的信息，提前获取内幕消息的机构投资者的超额净卖出显著更高，H4-5得到进一步验证。

表 4-14 非解禁股样本中机构投资者异常交易与股票估值的回归结果

变量	EXNetbuy			
Value1	-0.196* (-1.80)	-0.217** (-2.33)		
Value2			-0.156 (-0.98)	-0.178* (-1.77)
$ROA_{i,t-1}$		-0.489*** (-6.40)		-0.481*** (-6.30)
$ROA_{i,t}$		0.471*** (6.00)		0.464*** (5.91)
$Growth_{i,t-1}$		0.000 (1.00)		0.000*** (3.87)
$Growth_{i,t}$		0.001 (0.68)		0.001 (0.80)
$Turnover_{i,t}$		-0.015 (-0.78)		-0.015 (-0.75)
$Size_{i,t}$		-0.158 (-1.19)		-0.159 (-1.19)
Ind & Year	NO	YES	NO	YES
Constant	0.107 (1.15)	4.606 (1.51)	0.108 (1.16)	4.629 (1.52)
Observations	764	764	764	764
F	3.35	9.76	1.96	9.61
R^2	0.001	0.264	0.001	0.261

注: ***、**、*分别表示在1%、5%和10%的水平上显著,括号内数值为t值。

二、改变被解释变量的度量方式

模型（4-11）和模型（4-12）中的被解释变量是机构投资者在减持前5天的超额净买入,超额净买入是扣除了估计期的超额买入水平（为了避免大股东减持事件之前60个交易日到前11个交易日的日平均净买入不能代表预期净买入,因度量误差影响研究结果）,接下来用不扣除估计期的净买入 Netbuy 作为被解释变量进行回归，结果如表4-15所示，改变被解释变量的度量方式，对模型（4-11）重新回归，结果不变。

表4-15　机构投资者获取内幕信息与异常交易回归结果

变量	Netbuy	
PRE	−0.81*	−0.807*
	(−1.83)	(−1.83)
Scale	−5.319***	−5.317***
	(−23.62)	(−23.59)
SUE1	23.732***	
	(−5.39)	
SUE2		22.386***
		(−4.95)
ROE	7.686***	8.067***
	(−4.32)	(−4.51)
Stake	−12.462***	−12.472***
	(−6.70)	(−6.70)
B/M	−10.249***	−10.267***
	(−8.45)	(−8.45)
InsHold	−3.103***	−3.038**
	(−2.61)	(−2.55)
Size	−9.757***	−9.748***
	(−26.00)	(−25.97)
Turnover	−2.674***	−2.673***
	(−40.00)	(−39.97)
Year	Yes	Yes
Ind	Yes	Yes
Constant	6.861**	6.824**
	(−2.13)	(−2.12)
N	7946	7946
F	145.41	145.2
Adj·R^2	0.392	0.391

注：***、**、*分别表示在1%、5%和10%的水平上显著，括号内数值为t值。

表 4-16 是改变被解释变量时，全样本在模型（4-12）中的回归结果，当解释变量减持股票的估值为 Value1 时，不考虑控制变量时 Value1 的系数为 -0.279，在 1% 的水平上显著为负，考虑控制变量时 Value1 的系数为 -0.046，在 1% 的水平上显著为负；当解释变量减持股票的估值为 Value2 时，不考虑控制变量时 Value2 的系数为 -0.001，在 1% 的水平上显著为负，考虑控制变量时 Value2 的系数为 -0.001，在 1% 的水平上显著为负。说明减持前机构投资者的净买入和减持股票的估值负相关，减持股票的估值越高，减持前机构显著卖出的越多，H4-5 得到进一步检验。

表 4-16　机构投资者的异常交易与股票估值回归

变量	Netbuy			
Value1	-0.279***	-0.046***		
	(-8.32)	(-4.41)		
Value2			-0.001***	-0.001***
			(-3.73)	(-3.38)
$ROA_{i,t-1}$		-0.000		-0.045***
		(-1.44)		(-4.32)
$ROA_{i,t}$		0.055***		0.054***
		(5.14)		(5.04)
$Growth_{i,t-1}$		-0.000**		-0.000**
		(-2.28)		(-2.20)
$Growth_{i,t}$		0.001***		0.001***
		(3.38)		(3.32)
$Turnover_{i,t}$		-0.024***		-0.024***
		(-6.27)		(-6.18)
$Size_{i,t}$		-0.200***		-0.196***
		(-8.26)		(-8.13)
Ind & Year	NO	YES	NO	YES
Constant	0.000	4.928***	-0.272***	4.868***
	(0.51)	(8.94)	(-17.93)	(8.86)

续表

变量	Netbuy			
Observations	7946	7946	7946	7946
F	1.26	27.49	13.91	27.83
R^2	0.000	0.122	0.002	0.124

注：＊＊＊、＊＊、＊分别表示在1%、5%和10%的水平上显著，括号内数值为 t 值。

第六节　本章小结

本章的主要研究结果及其含义包括以下内容：

第一，减持公告前5个交易日至减持公告后5个交易日这一窗口期内的每一个交易日，机构投资者的净卖出都显著为正，累计超额净卖出亦显著为正，总体上看机构投资者在卖出并且卖出量远高于正常水平。减持公告前4个交易日至公告后5个交易日这一窗口期内的每一个交易日，个人投资者的净买入都显著为正，累计超额净买入亦显著为正，即个人投资者在净买入，并且买入的量亦显著高于正常水平。

第二，机构投资者的净卖出与被减持股票的超额收益率负相关，而个人投资者的净买入与超额收益率负相关。直观言之，意味着机构投资者买入即涨、卖出即跌，而个人投资者买入则跌、卖出即涨。机构投资者在减持窗口期能够赚取正的交易获益，而个人投资者的交易获益则为负。无论是全样本还是非解禁股样本，无论用何种方法估计投资者在减持窗口期内的交易获益，本章都一致地发现，机构投资者在减持窗口期内，尤其是减持公告之前，能够赚取显著为正的交易获益；个人投资者在减持窗口期内，尤其是减持公告之前，交易获益都显著为负。

第三，减持公告前机构投资者到上市公司调研次数高的样本组，减持公告前，机构投资者的净卖出、超额净卖出为负，且显著高于个人投资者，也显著高于调研次数较低的样本组。大股东减持前，机构投资者卖出，个人投资者买入；超额收益率为正时机构投资者买入，个人投资者卖出，超额收益率为负时机构投资者卖出，个人投资者买入。这些证据都表明，大股东与机构投资者可能享有同一个信息集，即机构投资者可能存在知情交易，而个人投资者交易所依持的信息集显然不同于大股东、机构投资者。信息分布的不对称性，将导致财富从信息劣势方系统地转移至信息优势方。调研次数可以解释机构投资者在减持之前更高的净卖出、超额净卖出。

第四，回归分析结果表明，相对于减持之后，机构投资者在减持之前的超额净卖出显著更高；减持规模与机构投资者的超额净卖出显著正相关；减持股票的未预期盈余与机构投资者的超额净买入显著正相关；相对于机构调研次数低的公司，机构投资者对调研次数多的公司更容易提前卖出；减持公告前机构投资者的超额净卖出与减持股票的估值显著正相关。减持前业绩越好、成长性越好，减持后业绩越弱、成长性越弱，减持前机构投资者的累计净卖出越多。这一证据也表明，机构投资者可能存在知情交易。

本章的研究为资本市场上信息分布的不对称性导致投资者之间的系统性财富转移，提供了增量的证据。具体而言，存在知情交易的机构投资者的交易获益，正好是处于信息劣势地位的个人投资者的交易损失。因此，本章的研究结果，亦具有这样几个方面的政策含义：如何建立一个公开、公平、公正的资本市场？如何建立投资者适当性制度？如何改进投资者教育？如何优化资本市场的参与者结构？

第五章　业绩预告前的信息泄露和机构投资者异常交易

第一节　引言

以往关于业绩预告与内幕信息的研究主要是从内部人角度出发的，如蔡宁（2012）发现，大股东在业绩预告（坏消息）披露前减持股票。因为内幕交易的数据缺乏和隐蔽性，寻找证据困难，还没有学者从外部人角度研究业绩预告前可能获取内幕信息。那么作为拥有人力优势和资金优势的机构投资者，是否在业绩预告前已经获取内幕信息？如果机构投资者根据获取的内幕信息提前交易是否会损害个人投资者的利益，财富是否因此转移？机构投资者异常交易的影响因素有哪些？本章将依次解决这三个问题。

首先，本章对2012—2020年A股公司业绩预告前后机构投资者和个人投资者的（超额）净买入和股票超额收益率进行研究，发现机构投资者能精准地择时交易、择股交易，业绩预告前可能存在信息泄露，机构投资者在业绩预告前的异常交易可能是提前获取了内幕消息。其次，发现业绩预告前后机构投资者的收益显著为正，个人投资者会受损。最后，研究了业绩预告前分析师跟踪对机构投资者异常交易的影响，发现业绩预告是好消息的时候，公告前分析师跟踪与机构投资者的累计超额净买入显著正相关；业绩预告是坏消息的时候，公告前分析师跟踪与机构投资者的累计超额净买入显著负相关。

本章的贡献有以下三点：第一，已有研究业绩预告与内幕消息的文献主要是从内部人角度进行的，而本书发现，同样作为外部人的机构投资者也可能在业绩预告前获取内幕消息，发现股票市场可能存在信息泄露问题。不同于以往对机构投资者行为的研究主要从事后角度来证明机构选股正确。第二，本章研究了业绩预告信息泄露的经济后果，即可能导致财富从个人投资者转移到机构投资者手中，即信息在投资者之间的不对称分布导致外部投资者之间的财富效应。因为数据上的局限和寻找证据困难，我国文献较少研究外部投资者之间的财富转移，因此本章研究将丰富我们关于不同外部投资者之间利益冲突的认识。第三，研究了业绩预告信息泄露的影响因素，即分析师跟踪可能是机构投资者获取内幕消息的渠道，为监管者寻找证据提供帮助。

第二节　研究假设

许多学者对信息、交易与市场反应之间的关系进行研究。比如，Fama 等（1969）认为，理想的市场应该是为资源配置提供了准确的信号，也就是说，在一个市场中，投资者可以在任何时候（当证券价格"充分反映"所有可利用信息的前提下）做出最安全的投资选择，这个价格总是"充分反映"现有信息的市场称为"有效"市场。French 和 Roll （1986）从股票收益差异的角度研究了信息的到达与交易者的反应。Vlastakis 和 Markellos（2012）发现，市场层面的信息需求和交易量呈显著正相关，即使在控制了市场回报和信息供应之后也是如此。随着风险厌恶程度的增加，投资者需要更多的信息。

以往研究的侧重点是市场对信息的反应，而中国股票市场的信息中包含较多的噪声（张艳，2005）。Grossman 和 Stiglitz（1980）认为，噪声越大，价格中包含的信息含量就越少，因此不知情者的信息效用就越低，那么在噪声大的市场环境中，投资者更倾向于获取内幕消息。这就造成了我国股票市场存在内幕交易的现象（张新和祝红梅，2003；曾庆生，2008；傅勇和谭松涛，2008；潘越等，2011；李胜楠等，2015）。为了规范我国股票市场的环境，最大限度地减少信息不对称的状况，证监会要求上市公司及时披露年报、业绩预告等信息，从而让中小投资者了解更多的信息。学者们发现业绩预告作为最早向市场传递的信息包含更多的信息含量。比如，Penman（1980）、Waymire（1984）发现，美国股票市场发布的业绩预告具有信息含量，我国股票市场也发现业绩预告有较多的信息含量（戴德明等，2005），张圣平等（2014）从投资者注意力角度研究了盈余公告前后股票价格和交易量变化，冯旭南（2014）用百度搜索指数研究了业绩预告前投资者信息获取的能力，罗玫和魏哲（2016）研究了股票市场对于业绩预告修正的反应。

虽然业绩预告的发布包含一定的信息含量，但我国的业绩预告制度要求对于重大的业绩变动强制披露，业绩变动缓和的可以自愿披露，强制或者自愿披露取决于业绩变化。但在法律责任界定不清、处罚力度不够，并且我国业绩预告披露时间相对于其他国家及时性较差的制度背景下，业绩预告的发布并不能完全解决信息不对称问题，处于信劣势的外部投资者仍然倾向于获取内幕消息，股票市场仍然存在信息泄露的问题。机构投资者作为最具人力优势和资金优势的外部投资者，可能会通过自身优势获取内幕信息。Kaniel 等（2012）发现，投资者在业绩预告之后获得的超额收益可能是提前获取了内幕消息，蔡庆丰和杨侃（2012）、薛健和窦超（2015）等学者发现，机构投资者存在通过各种途径提前获取内幕信息的问题。那么针对我国业绩预告的制度背景，股票市场可能存在信息泄露并且机构投资者可能提前获取内幕信息。业绩预告为好消息的时候公司向市场传递了利好消息，业绩预告是坏消息的时候则向市场传递了利空消息。如果机构投资者在业绩预告发布前提前获取了公司业绩的利好消息，会提前买入；如果在业绩预告发布前提前获取了公司业绩不好的利空消息，则会提前卖出。基于此，提出以下假设：

H5-1a：机构投资者在业绩预告（好消息）发布前的超额净买入显著为正。

H5-1b：机构投资者在业绩预告（坏消息）发布前的超额净买入显著为负。

根据以往研究，个人投资者在与机构投资者的博弈中处于劣势地位（Franco et al.，2007；Frazzini and Lamont，2006；饶平贵和姜国华，2008；余佩琨和王玉涛，2009；薛健和窦超，2015）。机构投资者相对于个人投资者更具有信息优势，如果机构投资者提前获取了业绩预告的利好或者利空消息并提前交易会因此受益。Kaniel 等（2012）发现，投资者在业绩预告之后获得的超额收益可能是提前获取了内幕消息，处于信息劣势地位的个人投资者会因此受损。因此，如果业绩预告传递的好信息（坏消息）机构投资者能提前知悉，则会获得显著为正的财富效应，个人投资者会受损。基于此，提出以下假设：

H5-2：机构投资者在业绩预告发布前后获得显著为正的收益，个人投资者会受损。

分析师是资本市场重要的信息中介，具有专业的解读能力（Huang et al.，2016），通过发布分析报告向市场传递了有价值的信息（伊志宏等，2019），分析师向市场传递公司的特质信息，能降低内部人和外部投资者之间信息不对称程度（朱红军等，2007；Jiang et al.，2016）。但关于分析师具有向市场传递有价值信息的作用并没有得到学者一致认可。有一些学者认为，与基金存在利益关系的分析师对股票跟踪关注得越多，股价同步性越低（Xu et al.，2013；Jiang et al.，

2016）。

因为，一部分分析师与机构投资者存在利益关系，证券公司的分析师相对于散户有更多的机会与上市公司接触，通过投资银行、贷款和资产管理部门与公司直接沟通，或者参加上市公司的调研活动等多种渠道和机会获得公司内部的信息。分析师拥有足够的精力和能力，能够以较低成本发掘公司内部的私有信息（Irvine et al.，2007）。分析师再通过邮件、电话、卖方研究报告等多种形式把消息传递给机构投资者（彭志等，2017）。Irvine 等（2007）研究发现，机构投资者在分析师发布研究报告之前的买入量会异常放大，说明分析师可能把消息提前泄露给机构投资。Christophe 等（2010）发现，分析师在下调评级之前存在异常的卖空现象。蔡庆丰和杨侃（2012）也验证了分析师提前把消息透漏给机构投资者。姜超（2013）发现，股价中特质信息含量的增加来源于分析师的内幕消息。李颖和伊志宏（2017）认为，明星分析师存在提前释放消息的现象，导致融资买入的知情交易发生。

根据以往的研究，分析师可能会提前把消息泄露给机构投资者，而分析师跟踪越多的公司，对这个公司关注度更高，分析师接触的信息相对更多，那么分析师更可能把信息泄露给机构投资者，分析师跟踪是机构投资者获取内幕消息的一个重要途径。业绩预告前机构投资者可能通过分析师跟踪的途径获取内幕消息，对于分析师跟踪更多的公司，机构投资者在业绩预告前的异常交易量更大，即在业绩预告是好消息之前的买入量更高，业绩预告是坏消息之前的卖出量更高。基于此，提出以下假设：

H5-3a：提前获取内幕消息的机构投资者，在业绩预告（好消息）前的累计超额净买入与分析师跟踪显著正相关。

H5-3b：提前获取内幕消息的机构投资者，在业绩预告（坏消息）前的累计超额净买入与分析师跟踪显著负相关。

第三节 研究设计

一、样本和数据

初始样本是基于 2012—2020 年 A 股市场公司业绩预告的事件。剔除了：①两次业绩预告小于 10 天的样本；②业绩预告的净利润不明确的样本；③被特殊处理的样本；④金融行业，最终包含 14436 个样本单元。有关上市公司财务的数据来源于 CSMAR 数据库。机构投资者、个人投资者主动买入、主动卖出股票的数量和金额等交易数据，机构投资者跟踪分析上市公司的数据来自 Wind 数据库。

二、变量及定义

1. 超额收益率和累计超额收益率

定义 R_{it} 为第 i 只股票第 t 个交易日的收益率，定义 R_{mt} 为沪深综指第 t 个交易日的收益率，以业绩预告为事件日 0，用-150 日至-31 日的股票和沪深综指的日收益率估计市场模型 $R_{it}=\alpha_i+\beta_i R_{mt}+\varepsilon_{it}$ 的参数 $\hat{\alpha}_i$ 和 $\hat{\beta}_i$。以业绩预告前 20 个交易日至业绩预告后 20 个交易日为事件窗口，计算出股票在这一窗口期每一个事件日的超额收益率，即：

$$AR_{it}=R_{it}-\hat{\alpha}_i-\hat{\beta}_i R_{mt}, \quad t\in[-20, +20] \tag{5-1}$$

该股票在期间 $t_1 \sim t_2$ 的累计超额收益率定义为：

$$CAR_{i,t_1,t_2}=\sum_{t=t_1}^{t_2} AR_{it}, \quad -20\leqslant t_1\leqslant 0\leqslant t_2\leqslant +20 \tag{5-2}$$

2. 投资者的净买入、超额净买入、累计净买入和累计超额净买入

对于机构投资者的异常交易，本书采用净买入、超额净买入、累计净买入和

累计超额净买入四个指标来度量，与 Wang（2011）类似，本书将单笔交易金额大于等于 100 万元的交易，视为机构投资者的交易；将单笔交易金额小于等于 10 万元的，视为个人投资者的交易。

假设市场上存在一个卖出指令，卖出价为 10 元。买方报价小于 10 元时卖方不会卖，交易不会发生。买方报价大于等于 10 元时，卖方才愿意卖，交易才会发生。理性且买入意愿强烈的购买者，能够成交的最低买入价就是卖出指令的报价 10 元。因此，本章将按现有卖出指令报价成交的交易量，定义为主动性买入量，记第 i 只股票第 t 个交易日的主动性买入量为 Buy_{it}。如果主动性买入的金额大于等于 100 万元，即为机构投资者的主动性买入量；如果主动性买入的金额小于等于 10 万元，即为个人投资者的主动性买入量。

同样地，假设市场上存在一个买入指令，买入报价为 10 元。如果卖方的报价高于 10 元，交易也不会发生。如果卖方报价小于等于 10 元，则交易会发生。理性且卖出意愿强烈的投资者，能够成交的最高卖出价，即为现有买入指令的报价 10 元。因此，本章将按现有买入指令报价成交的交易量，定义为主动性卖出量，记第 i 只股票第 t 个交易日的主动性卖出量为 $Sell_{it}$。如果主动性卖出的金额大于等于 100 万元，即为机构投资者的主动性卖出量；如果主动性卖出的金额小于等于 10 万元，即为个人投资者的主动性卖出量。

借鉴 Ayers 等（2008）的方法，定义机构投资者、个人投资者的净买入为：

$$Netbuy_{it} = \frac{Buy_{it} - Sell_{it}}{Buy_{it} + Sell_{it}} \tag{5-3}$$

如果 $Netbuy_{it} > 0$，即为净买入，其直观含义是买入意愿更强烈；反之如果 $Netbuy_{it} < 0$，即为净卖出，表示市场上卖出意愿更强烈。期间 $t_1 \sim t_2$ 的累计净买入定义为：

$$CNetbuy_{i,t_1,t_2} = \sum_{t_1 \leq t \leq t_2} Netbuy_{it} \tag{5-4}$$

从净买入 $Netbuy_{it}$ 中剔除正常或预期的净买入，即得到超额净买入。本章用业绩预告日之前60个交易日到业绩预告日之前11个交易日的日平均净买入来估计预期净买入，即：

$$ANetbuy_i = \frac{1}{50} \sum_{-60 \leq t \leq -11} Netbuy_{it} \tag{5-5}$$

那么第i只股票第t个交易日的超额净买入即可定义为：

$$EXNetbuy_{it} = Netbuy_{it} - ANetbuy_i \tag{5-6}$$

期间$t_1 \sim t_2$的累计超额净买入即为：

$$CEXNetbuy_{i,t_1,t_2} = \sum_{t_1 \leq t \leq t_2} EXNetbuy_{it} \tag{5-7}$$

超额净买入、累计超额净买入，净买入、累计净买入，到底哪一组变量能够更好地衡量投资者的交易意愿，主要决定于式（5-5）所示的预期净买入的估计方法是否恰当。为了避免业绩预告日之前60个交易日到前11个交易日的日平均净买入不能代表预期净买入，因度量误差影响研究结果，本章将交替使用净买入、超额净买入、累计净买入和累计超额净买入来衡量投资者的交易意愿，因为净买入和累计净买入是不依赖正常交易量的估计结果。

3. 投资者的交易获益

买入之后股票价格上涨，投资者赚了，即$EXNetbuy_{it} > 0$且$AR_{it} > 0$，此时显然有$EXNetbuy_{it} \times AR_{it} > 0$。卖出之后股票价格下跌，投资者也赚了，即$EXNetbuy_{it} < 0$且$AR_{it} < 0$，显然亦有$EXNetbuy_{it} \times AR_{it} > 0$。因此我们定义投资者的交易获益为：

$$Gain_{it} = EXNetbuy_{it} \times AR_{it} \tag{5-8}$$

$Gain_{it}$可以近似地估计投资者从交易中赚取的超额收益。用当日的超额收益率与超额净买入相乘来估计投资者的交易获益，实际上是假设投资者在交易日开市时买入。这一假设太强，因此本章采用超额净买入与当日、次日的平均超额收益率的乘积来估计投资者的交易获益，即：

$$Gain_{it} = EXNetbuy_{it} \times (AR_{it} + AR_{it+1})/2 \tag{5-9}$$

用超额净买入估计投资者的交易意愿和交易数量，可能因为预期净买入的估计偏误而存在度量误差。为了避免这种度量误差对研究结果的影响，本章采用投资者的净买入替换式（5-8）和式（5-9）中的超额净买入，即得到投资者交易获益的另外两种测算方法：

$$\text{Gain}_{it} = \text{Netbuy}_{it} \times \text{AR}_{it} \ \text{或} \ \text{Gain}_{it} = \text{Netbuy}_{it} \times (\text{AR}_{it} + \text{AR}_{it+1})/2 \qquad (5\text{-}10)$$

三、模型构建与相关变量计算

为了检验业绩预告发布前，分析师跟踪对机构投资者异常交易的影响，选择业绩预告发布前 5 天机构投资者的累计超额净买入作为被解释变量，对模型（5-11）进行回归分析。在稳健性检验部分把不扣除估计期的累计净买入作为被解释变量，即业绩预告发布前 5 天机构投资者的累计净买入，对模型（5-12）进行回归分析：

$$\text{CEXNetbuy}_{it} = \beta_0 + \beta_1 \text{Follow}_{i,t-1} + \beta_2 \text{Transparency}_{i,t-1} + \beta_3 \text{Big4}_{i,t-1} + \beta_4 \text{Lev}_{i,t-1} +$$
$$\beta_5 \text{Lev}_{i,t} + \beta_6 \text{Institute}_{i,t-1} + \beta_7 \text{Dual}_{i,t-1} + \sum \text{Year} + \sum \text{Ind} + \varepsilon$$
$$(5\text{-}11)$$

$$\text{CNetbuy}_{it} = \beta_0 + \beta_1 \text{Follow}_{i,t-1} + \beta_2 \text{Transparency}_{i,t-1} + \beta_3 \text{Big4}_{i,t-1} + \beta_4 \text{Lev}_{i,t-1} + \beta_5 \text{Lev}_{i,t} +$$
$$\beta_6 \text{Institute}_{i,t-1} + \beta_7 \text{Dual}_{i,t-1} + \sum \text{Year} + \sum \text{Ind} + \varepsilon \qquad (5\text{-}12)$$

1. 检验变量

由于 H5-3 是为了检验分析师跟踪对机构投资者异常交易的影响，根据以往文献（潘越等，2011；周开国等，2007；李春涛等，2016），本章采用业绩预告发布上一年有多少分析师（团队）对该公司进行跟踪分析作为检验变量。为了增强稳健性，本章选取业绩预告发布上一年，有多少份分析师出具的研报对该公司进行过跟踪分析作为检验变量，两者互为稳健性检验。分析师关注度的数据来源于国泰安数据库，其中包含分析师（团队）对公司跟踪调研的数量以及对公司进行跟踪分析的研报数量。

2. 控制变量

信息透明度越高，知情交易的概率越低，而信息透明度越低，信息不对称程度越高，投资者就越可能去获取内幕消息。控制变量选取公司透明度作为信息透明度指标，根据上市公司信息透明度评级标准，A、B、C、D 分别代表优秀、良好、及格、不及格四个等级。评级为 A 或者 B 的为 1，评级为 C 或者 D 的为 0。为了准确考察分析师跟踪对机构投资者异常交易的影响，借鉴李春涛等（2016）的文献，控制其他公司治理变量：是否为四大会计师事务所，即如果预告发布上一年，担任审计的事务所为四大则为 1，否则为 0；机构持股比例，即业绩预告发布上一年机构投资者持股比例；业绩预告发布上一年董事长总经理是否兼任，当董事长和总经理为一人兼任则为 1，否则为 0；另外控制了业绩预告发布上一年和本年的资产负债率（见表 5-1）。

表 5-1　变量的定义

变量名称	变量符号	变量释义
累计超额净买入	CEXNetbuy	机构投资者在业绩预告前 5 天，即窗口期［-5，0）之间的累计超额净买入
累计净买入	CNetbuy	机构投资者在业绩预告前 5 天，即窗口期［-5，0）之间的累计净买入
被分析师跟踪	Follow1	业绩预告发布上一年，有多少个分析师（团队）对该公司进行过跟踪分析
被分析师跟踪	Follow2	业绩预告发布上一年，有多少份研报该公司进行过跟踪分析
公司透明度	Transparency	业绩预告发布上一年，按照上市公司信息透明度评级标准，评级为 A 或者 B 的为 1，评级为 C 或者 D 的为 0
是否为四大会计师事务所	Big4	业绩预告发布上一年，若担任审计的事务所为四大会计师事务所则为 1，否则为 0
上期资产负债率	$Lev_{i(t-1)}$	业绩预告发布上一年资产负债率
本期资产负债率	Lev_{it}	业绩预告发布当年末资产负债率
机构持股比例	Institute	业绩预告发布上一年机构投资者持股比例

续表

变量名称	变量符号	变量释义
董事长总经理是否兼任	Dual	业绩预告发布上一年，当期董事长和总经理为一人兼任则为1，否则为0
年度/行业虚变量	Year & Ind	略

第四节 实证结果及分析

一、主要变量的描述性统计

业绩预告（坏消息）样本变量的描述性统计如表5-2所示，可以看出，从业绩预告公告日前5个交易日至公告日，机构累计净买入的均值为-0.03、中位数为-0.03，均小于0，这一窗口期内机构累计超额净买入的均值和中位数分别为-0.02、-0.02，也小于0。这一结果表明，机构在业绩预告发布坏消息之前强烈地卖出，这是巧合还是已经知情？公告前5个交易日至公告日，个人投资者累计超额净买入的均值为0.03、个人累计净买入的中位数为0.01，都大于0。个人累计超额净买入的均值和中位数分别为0.05、0.04，均大于0。这意味着，业绩预告是坏消息的公告之前，机构投资者意愿强烈地卖出，而个人投资者在买入。这是不是意味着系统性的财富再分配？四大会计师事务所审计的均值和中位数分别为0.06、0.00，是否说明大部分公司都不是四大会计师事务所审计的。公告日之后资产负债率的均值从40.37%升到43.07%，说明业绩预告是坏消息确实传递了利空消息。公司信息透明度的均值和中位数分别是1.93、2.00，说明大部分公司的信息透明度得分是及格的。

表 5-2　业绩预告（坏消息）样本变量的描述性统计

变量	均值	标准差	最小值	中位数	最大值
CEXNetbuy_in	-0.02	0.58	-13.92	-0.02	11.49
CNetbuy_in	-0.03	0.58	-13.94	-0.03	11.47
CEXNetbuy_pr	0.05	0.45	-0.85	0.04	15.02
CNetbuy_pr	0.03	0.45	-0.88	0.01	14.99
Follow1	1.94	0.83	0.69	1.95	3.95
Follow2	2.39	1.04	0.69	2.48	5.00
Opaque	1.93	0.60	1.00	2.00	4.00
Big4	0.06	0.23	0.00	0.00	1.00
$Lev_{i(t-1)}$	40.37	24.94	0.80	38.93	825.64
Lev_{it}	43.07	22.57	0.91	42.54	164.99
Institute	35.14	23.15	0.00	34.25	92.29
Dual	0.28	0.45	0.00	0.00	1.00

　　业绩预告样本量为 26624，坏消息样本量为 9873，说明大部分公司发布的业绩预告都是好消息，业绩预告（好消息）样本变量的描述性统计如表 5-3 所示，可以看出，从业绩预告公告日前 5 个交易日至公告日，机构累计净买入的均值为 0.01、中位数为 0.01，均大于 0，这一窗口期内机构累计超额净买入的均值和中位数分别为 0.003、0.01，也大于 0。这一结果表明，机构在业绩预告发布好消息之前买入，这是巧合还是已经知情？公告前 5 个交易日至公告日，个人投资者累计净买入的均值为 -0.03、个人累计净买入的中位数为 -0.03，都小于 0。个人累计超额净买入的均值和中位数都为 0。这意味着，业绩预告是好消息的公告之前，机构投资者意愿买入，而个人投资者在卖出。

表 5-3　业绩预告（好消息）样本变量的描述性统计

变量	均值	标准差	最小值	中位数	最大值
CEXNetbuy_in	0.003	0.11	-1.15	0.01	2.66
CNetbuy_in	0.01	0.11	-1.14	0.01	2.60

续表

变量	均值	标准差	最小值	中位数	最大值
CEXNetbuy_ pr	0.00	0.17	−1.12	0.00	1.47
CNetbuy_ pr	−0.03	0.17	−1.17	−0.03	1.48
Follow1	2.06	0.82	0.69	2.08	4.39
Follow2	2.56	1.06	0.69	2.64	5.10
Opaque	1.86	0.58	1.00	2.00	4.00
Big4	0.07	0.26	0.00	0.00	1.00
$Lev_{i(t-1)}$	39.38	30.11	0.75	37.20	1654.54
Lev_{it}	39.87	21.91	0.80	38.48	799.52
Institute	38.07	23.01	0.00	38.32	156.85
Dual	0.30	0.46	0.00	0.00	1.00

二、机构投资者提前获取内幕信息

1. 择时行为

如果业绩预告发布前机构投资者提前获取内幕消息，机构投资者会在业绩预告发布前及时做出反应：即将发布的业绩预告是好消息，机构投资者会提前买入；即将发布的业绩预告是坏消息，机构投资者会提前卖出。如表5-4所示，在业绩预告（好消息）公告日前5天至后5天的窗口期内，机构投资者的净买入为正，说明机构投资对于业绩预告发布的利好消息是选择买入的；累计净买入也为正，说明将这一期间作为一个整体来看，机构投资者也是买入的。在业绩预告发布前5天，机构投资者的超额净买入显著为正，并且越接近公告日，超额净买入的显著程度越高，说明业绩预告发布前5天机构投资者的买入量高于平时的买入量，机构可能提前知晓了业绩预告（好消息）即将发布。业绩预告发布前5天的累计超额净买入也为正，并且在−1日显著为正，说明业绩预告发布前5天作为一个整体来看，机构投资者是买入的。初步验证H5-1a。

个人投资者的净买入和累计净买入在业绩预告发布前后为负，说明散户对于业绩预告的发布毫不知情。业绩预告发布前 2 天，个人投资者的超额净买入显著为负，说明业绩预告发布前，个人投资者显著卖出，卖出水平高于平时，这与机构投资者完全相反，公告日之后的超额净买入只有+2 天显著为正，其余没有显著的买入或者卖出，说明对于利好消息的发布大部分散户没有选择及时买入，这也印证了我国股票市场散户更多的是通过主观判断、跟风买入，大部分人不会理性分析上市公司披露的信息。

表 5-4　全样本（好消息）：机构、个人投资者业绩预告
前后的（累计）超额净买入、（累计）净买入

事件日	机构投资者		个人投资者		机构投资者		个人投资者	
	超额净买入	累计超额净买入	超额净买入	累计超额净买入	净买入	累计净买入	净买入	累计净买入
−5	0.002 *	0.003	0.000	0.006	0.002	0.010	−0.007	−0.032
−4	0.001	−0.001	0.002	0.003	0.003	0.008	−0.008	−0.037
−3	0.003 **	0.001	0.001	0.004	0.002	0.008	−0.006	−0.035
−2	0.002 *	0.002	−0.002 ***	0.003	−0.001	0.007	−0.007	−0.033
−1	0.003 ***	0.004 *	−0.001	0.003	0.000	0.007	−0.006	−0.030
0	−0.003 ***	0.001	0.005 ***	0.006 ***	0.006	0.010	−0.013	−0.030
1	−0.003 **	−0.006 ***	−0.001	−0.000 *	0.000	0.004	−0.012	−0.037
2	−0.001	−0.006 ***	0.002 ***	−0.004 *	0.004	0.008	−0.011	−0.039
3	0.000	−0.001	0.001	0.003	0.002	0.008	−0.009	−0.036
4	0.003 **	−0.001	0.000	0.002	0.001	0.006	−0.006	−0.036
5	0.000	−0.001	0.001	0.005 ***	0.002	0.009	−0.009	−0.035

注：＊＊＊、＊＊、＊分别表示在 1%、5% 和 10% 的水平上显著。

从表 5-5 业绩预告（坏消息）发布前后机构投资者和个人投资者的（累计）超额净买入、（累计）净买入中可以看出，机构投资者的超额净买入在公告发布前 5 天为负，并且在−1 天显著为负，说明业绩预告（坏消息）发布前机构投资者比平时的卖出量要高；净买入和累计净买入也在公告发布前 5 天为负，其中−2 天和−1 天两天显著为负。个人投资者在业绩预告（坏消息）发布前的（累计）超额净买入、（累计）净买入显著为正，说明散户毫不知情，会以高于平时的水

平买入即将发布业绩预告（坏消息）的股票。初步证明 H5-1b。整体看 [-5，5] 的窗口期，机构投资者和个人投资者总是选择相反的投资策略，这就导致财富可能发生转移。

表5-5　全样本（坏消息）：机构、个人投资者业绩预告

前后的（累计）超额净买入、（累计）净买入

事件日	机构投资者		个人投资者		机构投资者		个人投资者	
	超额净买入	累计超额净买入	超额净买入	累计超额净买入	净买入	累计净买入	净买入	累计净买入
-5	-0.004	-0.014	0.019 *	0.049 ***	-0.007	-0.027 **	0.013	0.023 **
-4	0.006	0.009	0.010 ***	0.050 ***	0.003	-0.005	0.004	0.023 ***
-3	-0.017	-0.013	0.008 ***	0.036 ***	-0.020	-0.026	0.002	0.010 ***
-2	-0.003	-0.022	0.008 ***	0.034 ***	-0.006 *	-0.035 **	0.001	0.010 ***
-1	-0.000 *	-0.003 *	0.007 ***	0.034 ***	-0.004 *	-0.015 **	0.000	0.010 ***
0	-0.004	0.003	-0.035	-0.006	-0.008	-0.008	-0.042	-0.027
1	0.001	0.041	0.009 **	-0.048	-0.003	0.030	0.002	-0.070
2	0.020	0.028	-0.049	-0.096	0.017	0.015	-0.056	-0.120
3	0.013 ***	0.069 *	0.010 ***	-0.101	0.010 **	0.057	0.004	-0.126
4	0.004	0.002	0.006 *	0.038 ***	0.001	-0.010	-0.001	0.0139 *
5	0.006	-0.013	0.023 *	0.049	0.003	-0.025 **	0.017	0.0248 *

注：***、**、* 分别表示在1%、5%和10%的水平上显著。

2. 择股行为

以上是从择时行为分析机构投资者在业绩预告前可能提前获取了内幕消息，为了增强稳健性，接下来从择股行为进一步检验。业绩预告中坏消息包括首亏、预减、略亏和续亏四种情况，本章把这四种情况的净利润最大变动幅度均值按大小排序，续亏的变动幅度最大，略减的变动幅度最小。如果机构投资者提前获取了内幕消息，那么对于坏消息中净利润变动幅度最大的和变动幅度最小的股票会选择不同的买入（卖出）策略。表5-6 是坏消息中续亏和略减两种情况下投资者（累计）超额净买入的对比。对于发布的业绩预告是续亏的股票，机构投资

者的超额净买入从公告日前 2 天开始显著为负，相对于表 5-5 坏消息全样本中机构投资者在公告日前的卖出数量和卖出程度都更强烈。再看表 5-7 中续亏股票的 AR，公告日前 2 天为正，公告日之后第 2 天开始显著为负，说明机构投资者在股价最高的时候卖出股票，卖出即跌。续亏股票在窗口期［-20, 20］的 CAR 为负且持续下降，其中［-9, 10］显著为负，而机构投资者已经提前卖出股票。从散户的（累计）超额净买入可以看出，与机构投资者采取了相反的投资策略，进一步说明机构投资者选股精准。再看业绩预告发布是略减消息的股票，与续亏组不同，机构投资者的超额净买入和累计超额净买入在公告日之前没有显著的买入和卖出，净利润略减的股票相对于连续亏损的股票，传递的利空信号程度低。如果机构投资者不是提前获取了内幕消息，为何能做出这么精准的选择，所以这个结果进一步检验了机构投资者可能提前获取内幕消息的假设。

表 5-6　坏消息分组对比：业绩预告前后投资者的（累计）超额净买入

事件日	续亏				略减			
	机构投资者		个人投资者		机构投资者		个人投资者	
	超额净买入	累计超额净买入	超额净买入	累计超额净买入	超额净买入	累计超额净买入	超额净买入	累计超额净买入
-5	0.009	0.009	0.009	0.009	0.016	0.016	0.006 *	0.006 *
-4	0.005	0.014	-0.005	0.003	0.009	0.027 *	0.017 ***	0.023 ***
-3	-0.018	-0.029	-0.006	-0.014	-0.057	-0.049	0.009 *	0.018 ***
-2	-0.011 *	-0.030	0.000	-0.014	0.002	-0.033	0.006 **	0.028 ***
-1	-0.017 **	-0.019 *	0.007	-0.001	0.003	0.026	0.007 **	0.030 ***
0	-0.050 ***	-0.043 *	0.034 ***	0.045 **	-0.010	0.016	0.015 ***	0.028 ***
1	0.008	-0.010	0.000	0.060 **	0.022	0.028	0.018	0.044 ***
2	-0.012	-0.003	0.023 **	0.071 ***	0.048	0.013	0.041 **	0.088 ***
3	0.011	0.041	-0.001	0.072 ***	0.023 *	0.072	0.021 **	0.116 ***
4	-0.032	-0.059	-0.016	0.038	-0.001	-0.002	0.009 **	0.100 ***
5	0.000	-0.059	-0.009	0.031	0.016	-0.057	0.057	0.138 ***

注：***、**、* 分别表示在 1%、5% 和 10% 的水平上显著。

表 5-7　续亏和扭亏组在窗口期 [-20，20] 的 CAR 和 AR

交易日	坏消息：续亏		好消息：扭亏	
	CAR	AR	CAR	AR
-20	-0.0141	-0.0018	-0.0104	0.0003
-10	-0.0147	-0.0036	-0.0114	0.0007
-9	-0.0206*	-0.0006	-0.0116*	-0.0003
-8	-0.0264**	-0.0059**	-0.0120*	-0.0006
-7	-0.0290**	-0.0058**	-0.0114**	0.0005
-6	-0.0265**	-0.0026	-0.0112**	0.0002
-5	-0.0314***	0.0025	-0.0107**	0.0006
-4	-0.0365***	-0.005**	-0.0099**	0.0007
-3	-0.0325**	-0.005**	-0.0089***	0.0009
-2	-0.0283**	0.0039	-0.0070***	0.0018*
-1	-0.0277**	0.0043*	-0.0047***	0.0022*
0	-0.0277**	0.0006	-0.0032***	0.0018*
1	-0.0330**	0.0000	0.0038***	0.0071**
2	-0.0494***	-0.0053*	0.0039***	0.0001
3	-0.0617***	-0.0164***	0.0042***	0.0005
4	-0.0683***	-0.0124***	0.0061***	0.0021
5	-0.0700***	-0.0065***	0.0064***	0.0003
6	-0.0692***	-0.0018	0.0059***	-0.0003
7	-0.0691***	0.0009	0.0047**	-0.0011
8	-0.0685***	0.0001	0.0042**	-0.0004
9	-0.0700***	0.0006	0.0036**	-0.0005
10	-0.070***	-0.0015	0.0031**	-0.0005
20	-0.0725	-0.0047	0.0037	0.0002

注：***、**、*分别表示在 1%、5% 和 10% 的水平上显著。

接下来把业绩预告是好消息的情况分组，业绩预告中好消息包括扭亏、预增、略增和续盈四种情况，本章把这四种情况的净利润最大变动幅度均值按大小排序，扭亏的变动幅度最大，略增的变动幅度最小。如果机构投资者提前获取了内幕消息，那么对于好消息中净利润变动幅度最大的和变动幅度最小的股票会选择不同的买入（卖出）策略。表 5-8 是业绩预告（好消息）中扭亏和略增两种情况下投资者（累计）超额净买入的对比。对于发布的业绩预告是扭亏的股票，机构投资者的超额净买入从公告日前 3 天开始显著为正，累计超额净买入也显著为正，说明对于业绩预告是扭亏消息的股票，机构投资者提前买入。再看表 5-7 中扭亏股票的 AR，从公告日前 5 天到公告日后 1 天持续增长，机构买入股票即涨。窗口期（-10，10）的 CAR 也从负值变为正值，说明扭亏传递了利好消息，机构投资者精准地选择买入合适的股票。再看业绩预告发布是略增消息的股票，与扭亏组不同，机构投资者的超额净买入和累计超额净买入在公告日之前没有显著的买入和卖出，净利润略增的股票相对于扭亏的股票，传递的利好信号程度低。这充分说明机构投资者提前获取了内幕消息，所以做出精准选择，而个人投资者在扭亏组和略增组的超额净买入和累计超额净买入差异不显著，说明我国股市散户跟风购买股票，并且没有充分利用上市公司披露的信息进行分析。

表 5-8　好消息分组对比：业绩预告前后投资者的（累计）超额净买入

事件日	扭亏				略增			
	机构投资者		个人投资者		机构投资者		个人投资者	
	超额净买入	累计超额净买入	超额净买入	累计超额净买入	超额净买入	累计超额净买入	超额净买入	累计超额净买入
-5	0.002	0.005	0.002	0.010	0.006	0.002	-0.004	-0.003
-4	0.002	0.004	0.002	0.007	0.002	0.008	0.003	-0.002
-3	0.006***	0.008*	0.002	0.004	-0.002	0.001	0.001	0.003
-2	0.003*	0.005	-0.001	0.006	-0.001	0.002	-0.002	0.001
-1	0.003**	0.008*	0.000	0.006	0.005	0.003	-0.002	0.002
0	-0.001	0.007*	0.005***	0.008	-0.004	0.002*	0.007**	0.001
1	-0.001	-0.002	-0.002	-0.001	-0.001*	-0.007	-0.001*	-0.007*
2	0.001	0.003	0.003**	0.007	-0.005	-0.011	0.001	-0.001
3	0.000	0.004	0.002	0.005	0.002	0.002	-0.001	-0.006
4	0.002	0.006	0.000	-0.001	0.007	0.000	-0.002	0.002
5	0.002	0.007*	0.001	0.005	0.004	0.004	-0.001	0.007

注：***、**、*分别表示在 1%、5% 和 10% 的水平上显著。

以上从机构投资者选股精准的角度推测机构投资者可能是提前获取了内幕消息，为了增强稳健性，接下来把机构投资者在业绩预告发布前5天，即窗口期[-5，0]机构投资者和个人投资者的净买入按照从大到小排序并分成十组。第一组是卖出意愿最强烈的一组，净买入为负；第十组是买入意愿最强烈的一组，净买入为正。然后分别计算机构投资者和个人投资者卖出意愿最强烈组和买入意愿最强烈组的累计超额收益率。如图5-1所示，机构投资者和个人投资者卖出意愿最强烈组的CAR值对比，机构投资者卖出意愿强烈的股票，累计超额收益率在-1天达到最高值0.0095，之后0天迅速跌落到-0.002，之后逐渐跌落，到+20天为-0.012；个人投资者卖出意愿强烈的股票CAR值从-2天开始由负变为正，逐渐升高，直到+8天后开始小幅度降低，但仍然高于0天前的值，整体上看CAR值下降。图5-2中可以看出，机构买入意愿强烈的股票累计超额收益率持续上升，而个人投资者买入意愿强烈的股票累计超额收益率持续下降。综上可以看出，机构投资者总能做出"精准"选择，卖出即跌，买入即涨，说明机构投资者可能提前知晓了业绩预告发布的消息，不管是好消息还是坏消息，这种择股行为进一步证明机构投资者存在知情交易。个人投资者总是卖出即涨，买入即跌，在毫不知情的情况下接盘，这种相反的投资选择可能导致财富从个人转移到机构投资者手中。

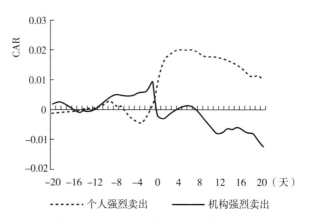

图5-1　业绩预告前机构和个人卖出意愿最强烈组的CAR值

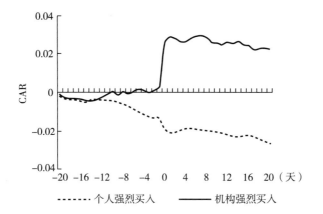

图 5-2　业绩预告前机构和个人买入意愿最强烈组的 **CAR** 值

3. 机构投资者的调研次数与（超额）净买入

　　前文从择时行为和择股行为推测机构投资者在业绩预告前获取了内幕消息并提前交易，业绩预告之前，机构投资者到上市公司的调研，可能是其获得业绩预告之前公司私有信息的一个渠道。机构投资者经常通过资产管理部门、投资银行与公司直接沟通，相对于个人投资者，机构投资者有更多的途径和机会提前获取未向公众披露的信息，通过获取的内幕消息进行知情交易（Huang et al.，2016）。除了作为外部人，机构投资者还能以内部人的身份，作为公司的大股东利用自身优势直接获取内部信息（饶品贵和姜国华，2008）。此外，机构投资者还能得到公司调研的方式，获取公司的内部信息。如果机构在业绩预告前获取了内幕信息，那么业绩预告公告前机构投资者调研的次数越高，异常交易量可能越大。

　　全样本中机构投资者的超额净买入在业绩预告（坏消息）前 2 天显著为负，说明机构最有可能在业绩预告（坏消息）前两天卖出股票，所以本章将机构投资者、个人投资者业绩预告（坏消息）前 2 个交易日的净买入、超额净买入，分别按照业绩预告上一年机构到上市公司跟踪调研的总次数从高到低排序，等分成高、中、低三组，结果如表5-9所示：①机构调研次数高中低三组中，机构投资者的净买入和超额净买入为负，个人投资者的净买入和超额净买入为正，并且差额在1%的水平上显著。这表明，机构投资者有可能借助业绩预告前的调研，获得上市公司的私有信息，而个人投资者则没有这些私有信息。这一结果说明机构调研可能是获取内幕消息的途径。②逐对比较的结果表明，调研次数高的样本组，机构投资者的净卖出、超额净卖出，显著高于其他样本组。调研次数高的样本组，机构投资者与个人投资者净卖出的差额、超额净卖出的差额，相对于其他样本组，显著更高。调研次数越高，机构投资者的净卖出越多，可能是机构投资者在业绩预告前获取了内幕消息。

表5-9　机构投资者调研次数与业绩预告（坏消息）前的（超额）净买入

机构跟踪调研次数	超额净买入			净买入		
	机构[a]	个人	差额[b]	机构[c]	个人	差额[d]
高	−0.026	0.022	−0.047***	−0.029	0.015	−0.044***
中	−0.005	0.010	−0.015***	−0.009	0.003	−0.012***
低	−0.003	0.013	−0.017***	−0.007	0.007	−0.014***

注：***、**、*分别表示在1%、5%和10%的水平上显著。
abcd表示无论是机构的超额净买入、净买入，还是机构相对于个人超额净买入、净买入的差额，高调研组相对于中、低组的差异，均在1%的水平上显著。

因为全样本中机构投资者的超额净买入在业绩预告（好消息）前3天显著为正，说明机构最有可能在业绩预告（好消息）前3天买入股票，所以本章将机构投资者、个人投资者业绩预告（好消息）前3个交易日的净买入、超额净买入，分别按照业绩预告上一年机构到上市公司跟踪调研的总次数从高到低排序，等分成高、中、低三组，结果如表5-10所示：①机构调研次数高中低三组中，机构投资者的净买入和超额净买入为正，个人投资者的净买入和超额净买入为负，并且差额显著为正。这表明，机构投资者有可能借助业绩预告前的调研，获得上市公司的私有信息，而个人投资者则没有这些私有信息，这一结果说明机构调研可能是获取内幕消息的途径。②逐对比较的结果表明，调研次数高的样本组，机构投资者的净买入、超额净买入高于其他样本组。调研次数高的样本组，机构投资者与个人投资者净买入的差额、超额净买入的差额，相对于其他样本组，显著更高。这一结果也表明，调研次数越高，机构投资者的净买入越多，可能是机构投资者在业绩预告前获取了内幕消息，H5-1 得到进一步检验。

表5-10　机构投资者调研次数与业绩预告（好消息）前的（超额）净买入

机构跟踪调研次数	超额净买入			净买入		
	机构[a]	个人	差额[b]	机构[c]	个人	差额[d]
高	0.004	−0.002	0.006***	0.005	−0.011	0.016***
中	0.002	−0.001	0.003***	0.003	−0.010	0.013***
低	0.002	−0.0001	0.002*	0.003	−0.009	0.012***

注：***、**、*表示在1%、5%和10%的水平上显著。

abcd 表示无论是机构的超额净买入、净买入，还是机构相对于个人超额净买入、净买入的差额，高调研组相对于中、低组的差异，均在1%的水平上显著。

三、机构和个人投资者的财富效应

业绩预告发布好消息之前机构投资者提前买入、个人投资者却选择卖出，业绩预告发布坏消息前机构投资者提前卖出、个人投资者却选择买入，个人投资者总是采取与机构投资者相反的投资策略，这意味着在业绩预告窗口期［−5，5］内，机构投资者可能盈利而个人投资者可能亏损，存在系统性的财富转移。为了研究减持窗口期内机构与个人投资者之间的财富转移现象，本书根据本章第三节研究设计中的式（5-8）~式（5-10）所示的投资者交易获益的方法，估算业绩预告前5个交易日至公告后5个交易日，即−5日至+5日，机构投资者和个人投资者的交易获益，如表5-11所示，对于业绩预告是坏消息的全样本，有如下结论：①如果用当日超额净买入×当日超额收益率来估计交易获益，−4、−3、0、

+1、+3、+5日机构投资者的获益显著为正，机构投资者能够赚取显著为正的超额收益；−1、0、+2、+4日，个人投资者的获益显著为负，个人投资者则是显著亏损。②如果用当日超额净买入×当日和次日平均超额收益率来估计交易获益，0日和+1日，机构投资者的获益显著为正；0日和+2日，个人投资者的获益显著为负。③如果用当日净买入×当日超额收益率来估计交易获益，−4、−3、0、+1、+3、+5日，机构投资者的交易获益显著为正；−1、0、+2、+4日，个人投资者的交易获益显著为负。④如果用当日净买入×当日和次日平均超额收益率来估计交易获益，0、+1、+3日，机构投资者的交易获益显著为正；0日和+2日，个人投资者的交易获益显著为负。这些结果与H5−2的预期是一致的，即提前获取内幕消息的机构投资者赚取显著为正的超额收益，而个人投资者则显著地亏损。

对于业绩预告是好消息的全样本（见表5−12），可以看到不管是哪种计算方法，机构投资者在窗口期［−5，5］中每天的收益都是显著为正，而个人投资者在窗口期每天的收益都是显著为负，因此不管业绩预告是好消息还是坏消息，机构投资者都能在业绩预告前后赚取显著为正的超额收益，个人投资者在业绩预告窗口的超额收益则显著为负。这说明机构投资者提前获取了内幕消息，且这一交易导致财富从个人投资者向机构投资者转移，H5−2得到检验。

表5−11　全样本（坏消息）：机构、个人投资者业绩预告前后的财富效应

事件日	I. 当日超额净买入×当日超额收益率（%）		II. 当日超额净买入×当日和次日平均超额收益率（%）		III. 当日净买入×当日超额收益率（%）		IV. 当日净买入×当日和次日平均超额收益率（%）	
	机构投资者	个人投资者	机构投资者	个人投资者	机构投资者	个人投资者	机构投资者	个人投资者
−5	0.06	−0.03	−0.02	0.00	0.06	−0.03	−0.02	0.00
−4	0.14***	0.00	0.02	0.00	0.14***	0.00	0.02	0.00
−3	0.09***	−0.03	0.03	−0.01	0.09***	−0.03	0.02	−0.01
−2	0.00	−0.03	0.00	−0.01	0.00	−0.03	0.00	−0.01

续表

事件日	I. 当日超额净买入×当日超额收益率（%）		II. 当日超额净买入×当日和次日平均超额收益率（%）		III. 当日净买入×当日超额收益率（%）		IV. 当日净买入×当日和次日平均超额收益率（%）	
	机构投资者	个人投资者	机构投资者	个人投资者	机构投资者	个人投资者	机构投资者	个人投资者
-1	0.06	-0.04*	0.03	-0.01	0.05	-0.04*	0.03	-0.01
0	0.21***	-0.16***	0.11***	-0.08***	0.22***	-0.16***	0.11***	-0.08***
1	0.08**	-0.03	0.03*	-0.01	0.08**	-0.03	0.03*	-0.01
2	0.05	-0.08**	-0.02*	-0.02*	0.05	-0.08**	-0.02	-0.02*
3	0.13***	-0.01	0.03	0.00	0.13***	-0.01	0.03*	0.00
4	0.07	-0.07**	0.01	0.00	0.07	-0.07**	0.01	0.00
5	0.09***	0.01	0.01	0.01	0.09***	0.01	0.01	0.01

注：***、**、*分别表示在1%、5%和10%的水平上显著。

表5-12 全样本（好消息）：机构、个人投资者业绩预告前后的财富效应

事件日	I. 当日超额净买入×当日超额收益率（%）		II. 当日超额净买入×当日和次日平均超额收益率（%）		III. 当日净买入×当日超额收益率（%）		IV. 当日净买入×当日和次日平均超额收益率（%）	
	机构投资者	个人投资者	机构投资者	个人投资者	机构投资者	个人投资者	机构投资者	个人投资者
-5	0.09***	0.00***	0.04***	-0.01***	0.09***	0.00***	0.04***	-0.01***
-4	0.07***	-0.02***	0.03***	-0.02***	0.06***	-0.02***	0.03***	-0.02***
-3	0.06***	-0.01***	0.03***	-0.01***	0.05***	-0.01***	0.03***	-0.01***
-2	0.06***	-0.01***	0.02***	-0.01***	0.06***	-0.01***	0.02***	-0.01***
-1	0.06***	-0.01***	0.03***	-0.01***	0.06***	-0.01***	0.03***	-0.01***
0	0.05***	-0.04***	0.02***	-0.03***	0.05***	-0.04***	0.02***	-0.03***
1	0.06***	-0.03***	0.02***	-0.04***	0.06***	-0.03***	0.02***	-0.04***
2	0.06***	-0.01***	0.04***	-0.01***	0.06***	-0.01***	0.04***	-0.01***
3	0.05***	-0.01***	0.01***	-0.02***	0.05***	-0.01***	0.01***	-0.02***
4	0.08***	0.00***	0.04***	0.00***	0.08***	0.00***	0.04***	0.00***
5	0.05***	0.00***	0.03***	0.01***	0.05***	0.00***	0.03***	0.01***

注：***、**、*分别表示在1%、5%和10%的水平上显著。

四、信息泄露的影响因素

为了检验 H5-3 业绩预告前分析师跟踪对机构投资者异常交易的影响，本章以业绩预告发布前 5 天，即窗口期 [-5, 0] 机构投资者的累计超额净买入为被解释变量，以被分析师跟踪为检验变量，结果如表 5-13 所示。不管业绩预告是好消息还是坏消息，两组的解释变量都显著，其中当业绩预告为坏消息的时候，解释变量 Follow1 的系数是-0.013，在10%的水平上显著为负，解释变量 Follow2 的系数是-0.019，在1%的水平上显著为负，说明业绩预告前分析师跟踪分析越多的股票，机构投资者的整体卖出量越高。当业绩预告为好消息的时候，解释变量 Follow1 的系数是 0.004，在 1%的水平上显著为正，解释变量 Follow2 的系数是 0.003，在1%的水平上显著为正，说明业绩预告前分析师跟踪越多的股票，机构投资者的整体买入量越高。可能是分析师对于跟踪更多的股票，获取了更多的信息，然后信息又泄露到机构投资者手中，所以分析师跟踪越多的股票在业绩预告前机构投资者的异常交易量越大，H5-3 得到检验。

表 5-13　分析师跟踪与机构投资者异常交易的回归结果

变量	CEXNetbuy			
	坏消息		好消息	
Follow1	-0.013*		0.004***	
	(-1.80)		(4.56)	
Follow2		-0.019***		0.003***
		(-3.18)		(4.88)
Transparency	0.020*	0.016*	-0.001	-0.001
	(1.95)	(1.65)	(-0.78)	(-0.72)
Big4	0.013	0.018	-0.002	-0.002
	(0.65)	(0.90)	(-0.71)	(-0.77)
Levi (t-1)	-0.001*	-0.001*	0.000**	0.000**
	(-1.71)	(-1.71)	(2.22)	(2.20)

续表

变量	CEXNetbuy			
	坏消息		好消息	
Levit	0.001***	0.001***	-0.000**	-0.000**
	(2.62)	(2.68)	(-2.10)	(-2.19)
Institute	-0.001***	-0.001***	0.000**	0.000**
	(-3.93)	(-3.86)	(2.23)	(2.17)
Dual	-0.064***	-0.064***	0.004***	0.004***
	(-5.24)	(-5.27)	(3.07)	(3.07)
Constant	-0.206	-0.193	0.123**	0.123**
	(-1.09)	(-1.03)	(2.03)	(2.02)
Year & Ind	YES	YES	YES	YES
Observations	9873	9873	26624	26624
F	6.58	6.78	13.23	13.23
R^2	0.023	0.024	0.018	0.018

注：***、**、*分别表示在1%、5%和10%的水平上显著，括号内数值为 t 值。

控制变量中，坏消息样本中公司透明度显著为正，好消息样本中公司透明度为负，说明透明度越高，业绩预告坏消息发布前机构投资者的买入越多，透明度越低，业绩预告好消息发布前机构投资者没有显著的买入或者卖出，这可能是公司透明度对于信息泄露起到抑制作用。再看其他公司治理的控制变量，是否为四大会计师事务所审计在坏消息组为正，好消息组为负，说明对于四大会计师事务所审计的企业，机构投资者的知情交易较少。董事长和总经理兼任的企业公司治理水平低，坏消息组机构显著卖出，好消息组机构显著买入，说明公司治理水平低的企业，机构投资者异常交易量更大。上期资产负债率越高，坏消息组机构卖出越多，好消息组买入越多；本期资产负债率越低，坏消息组机构买入越多，好消息组卖出越多。机构持股比例越高，坏消息组机构卖出越多，好消息组买入越多，说明机构持股比例高的股票机构的异常交易量越大。

第五节　稳健性检验

为了增强 H5-3 回归结果的可靠性，本节将进行以下的稳健性检验：

一、改变被解释变量的度量方式

模型（5-11）中的被解释变量是机构投资者在减持前 5 天的累计超额净买入，累计超额净买入是扣除了估计期［-60，11］机构投资者的平均买入水平（为了避免业绩预告日之前 60 个交易日到前 11 个交易日的日平均净买入不能代表预期净买入，因度量误差影响研究结果），接下来用不扣除估计期的累计净买入 CNetbuy 作为被解释变量，即机构投资者在业绩预告前 5 天不扣除估计期的累计净买入，对模型（5-12）进行回归，结果如表 5-14 所示。不管业绩预告是好消息还是坏消息，两组的解释变量都显著，其中当业绩预告为坏消息的时候，解释变量 Follow1 的系数是-0.014，在 10%的水平上显著为负，解释变量 Follow2 的系数是-0.019，在 1%的水平上显著为负，说明业绩预告前分析师跟踪越多的股票，机构投资者的整体卖出量越高。当业绩预告为好消息的时候，解释变量 Follow1 的系数是 0.004，在 1%的水平上显著为正，解释变量 Follow2 的系数是 0.003，在 1%的水平上显著为正，说明业绩预告前分析师跟踪越多的股票，机构投资者的整体买入量越高。可能是分析师对于跟踪分析更多的股票，获取了更多的信息，然后信息又泄露到机构投资者手中，所以分析师跟踪越多的股票在业绩预告前机构投资者的异常交易量越大，H5-3 进一步得到检验。

二、子样本的检验

本章研究样本中业绩预告好消息样本分别包括扭亏、略增、预增、续盈，坏消息样本包括续亏、略减、预减、续亏，其中扭亏和续亏分别是业绩预告，是好消息和坏消息中本年利润相对于上年利润增加、减少比例最大的，如果机构投资者是获取了内幕消息提前交易，那么对于重大的消息可能异常交易量更大。因此，扭亏和续亏样本更可能是机构投资者获取了重大消息，接下来分别对扭亏和续亏样本在模型（5-11）和模型（5-12）中回归，进一步检验 H5-3 业绩预告前分析师跟踪对机构投资者异常交易的影响。

表 5-14 分析师跟踪与机构投资者累计净买入的回归结果

变量	CNetbuy			
	坏消息		好消息	
Follow1	-0.014 *		0.004 ***	
	(-1.86)		(4.75)	
Follow2		-0.019 ***		0.003 ***
		(-3.25)		(5.07)
Transparency	0.02 **	0.017 *	-0.001	-0.001
	(1.97)	(1.67)	(-0.81)	(-0.75)
Big4	0.013	0.018	-0.002	-0.002
	0.64	0.89	(-0.70)	(-0.76)
Levi（t-1）	-0.001 *	-0.001 *	0.000 **	0.000 **
	(-1.71)	(-1.70)	(2.21)	(2.19)
Levit	0.001 ***	0.001 ***	0.000 **	0.000 **
	(2.60)	(2.65)	(-1.99)	(-2.09)
Institute	-0.001 ***	-0.001 ***	0.000 **	0.000 **
	(-3.97)	(-3.89)	(2.29)	(2.24)
Dual	-0.064 ***	-0.065 ***	0.004 ***	0.004 ***
	(-5.24)	(-5.28)	(3.04)	(3.03)
Constant	-0.212	-0.199	0.125 **	0.125 **
	(-1.12)	(-1.06)	(2.06)	(2.05)
Year & Ind	YES	YES	YES	YES
Observations	9873	9873	26624	26624
F	6.7	6.91	13.23	13.23
R^2	0.023	0.024	0.018	0.018

注：***、**、*分别表示在1%、5%和10%的水平上显著，括号内数值为 t 值。

如表5-15所示，好消息中扭亏子样本在模型（5-11）和模型（5-12）中的回归结果，被解释变量为累计超额净买入时，解释变量Follow1的系数为0.008，在1%的水平上显著为正，解释变量Follow2的系数为0.007，在1%的水平上显著为正。被解释变量为累计净买入时，解释变量Follow1的系数为0.008，在1%的水平上显著为正，解释变量Follow2的系数为0.007，在1%的水平上显著为正。说明对于业绩预告是扭亏的样本，公告前机构投资者的异常交易和分析师跟踪显著正相关，分析师跟踪得越多，公告前机构显著买入的越多，并且Follow的t值均高于好消息全样本中的t值，说明扭亏的消息传递的利好信号更强烈，机构更显著地买入，进一步检验了H5-3。

表5-15 子样本（好消息：扭亏）回归结果

变量	累计超额净买入		累计净买入	
Follow1	0.008***		0.008***	
	(5.97)		(6.05)	
Follow2		0.007***		0.007***
		(6.31)		(6.41)
Transparency	-0.002	-0.002	-0.003	-0.002
	(-1.23)	(-1.15)	(-1.33)	(-1.24)
Big4	-0.000	0.002	-0.001	0.002
	(-0.00)	(0.10)	(-0.05)	(0.07)
Levi (t-1)	-0.000	-0.000	0.000	-0.000
	(-0.04)	(-0.18)	(0.07)	(-0.06)
Levit	-0.000	-0.000	-0.000	-0.000
	(-1.17)	(-1.16)	(-1.22)	(-1.22)
Institute	-0.000	-0.000	-0.000	-0.000
	(-1.46)	(-1.49)	(-1.45)	(-1.49)
Dual	0.005**	0.005**	0.005**	0.005**
	(2.34)	(2.37)	(2.32)	(2.35)
Constant	-0.001	-0.001	0.004	0.003
	(-0.09)	(-0.14)	(0.66)	(0.61)

续表

变量	累计超额净买入		累计净买入	
Year & Ind	YES	YES	YES	YES
Observations	1838	1838	1838	1838
F	7.84	7.9	7.97	8.03
R^2	0.02	0.02	0.03	0.03

注：***、**、*分别表示在1%、5%和10%的水平上显著，括号内数值为 t 值。

坏消息中续亏子样本在模型（5-11）和模型（5-12）中的回归结果，如表 5-16 所示，被解释变量为累计超额净买入时，解释变量 Follow1 的系数为 −0.094，在1%的水平上显著为负，解释变量 Follow2 的系数为 −0.076，在1%的水平上显著为负。被解释变量为累计净买入时，解释变量 Follow1 的系数为 −0.094，在1%的水平上显著为负，解释变量 Follow2 的系数为 −0.077，在1%的水平上显著为负。这说明对于业绩预告是续亏的样本，公告前机构投资者的净买入和分析师跟踪分析显著负相关，分析师跟踪分析的越多，公告前机构显著卖出的越多，并且 Follow 的 t 值均高于坏消息全样本中的 t 值，说明续亏的消息传递的利空信号更强烈，机构的卖出量显著更多，进一步检验了 H5-3。

表 5-16　子样本（坏消息：续亏）回归结果

变量	累计超额净买入		累计净买入	
Follow1	−0.094*** (−4.63)		−0.094*** (−4.65)	
Follow2		−0.076*** (−4.90)		−0.077*** (−4.93)
Transparency	0.012 (−0.45)	0.013 (−0.46)	0.013 (−0.46)	0.013 (−0.48)
Big4	0.079** (2.18)	0.085** (2.35)	0.079** (2.19)	0.086** (2.36)

变量	累计超额净买入		累计净买入	
Levi（t-1）	-0.004 **	-0.004 **	-0.004 **	-0.004 **
	（-2.17）	（-2.16）	（-2.17）	（-2.16）
Levit	0.005 ***	0.006 ***	0.005 ***	0.006 ***
	（3.07）	（3.08）	（3.06）	（3.08）
Institute	-0.002 ***	-0.002 ***	-0.002 ***	-0.002 ***
	（-3.21）	（-3.34）	（-3.21）	（-3.35）
Dual	0.038	0.036	0.038	0.036
	（-1.13）	（-1.06）	（-1.13）	（-1.07）
Constant	-0.166	-0.158	-0.168	-0.16
	（-0.40）	（-0.39）	（-0.41）	（-0.39）
Year & Ind	YES	YES	YES	YES
Observations	357	357	357	357
F	6.42	6.43	6.43	6.44
R^2	0.061	0.062	0.062	0.063

注：***、**、*分别表示在1%、5%和10%的水平上显著，括号内数值为t值。

第六节　本章小结

本章的主要研究结果及其含义包括以下内容：

首先，本章对2012—2020年A股业绩预告前后机构投资者和个人投资者的（超额）净买入和股票超额收益率进行研究，把业绩预告分成好消息（扭亏、略增、预增、续盈）和坏消息（续亏、略减、预减、续亏）两组。对比分析发现机构投资者能精准的择时交易、择股交易。机构投资者对于扭亏和续亏的股票提前买入（卖出）的更多，说明对于传递利空（利好）消息更强烈的股票，机构投资者更可能提前获取内幕消息。从择时行为、择股行为、机构投资者异常交易与机构投资者跟踪次数的关系推测机构投资者在业绩预告前的异常交易可能是因为提前获取了内幕消息。

其次，研究了业绩预告信息泄露的经济后果，通过构建财富效应模型分别计算了机构投资者和个人投资者的收益，发现业绩预告的信息泄露导致财富从个人投资者向机构投资者系统性转移。

最后，对信息泄露的影响因素进行分析，即业绩预告前分析师跟踪对机构投资者异常交易的影响，发现业绩预告是好消息的时候，公告前分析师跟踪与机构投资者的累计超额净买入显著正相关；业绩预告是坏消息的时候，公告前分析师跟踪与机构投资者的累计超额净买入显著负相关。

第六章　红利分配前的信息泄露和机构投资者异常交易

第一节　引言

上市公司的分红政策向外界传递了明显的信号，以往关于公司分红政策的文献主要是从内部人利益输送角度进行的，如张文龙等（2009）研究发现上市公司的大股东通过分红实现了利益输送，侵害了中小股东和散户的利益，但没有学者从外部人可能获取内幕信息的角度研究红利分配。那么作为拥有人力优势和资金优势的机构投资者，是否在上市公司分红前已经提前获取内幕信息？如果机构投资者根据获取的内幕信息提前交易是否会损害个人投资者的利益，财富是否因此转移？机构投资者异常交易的影响因素有哪些？本章将依次解决这三个问题。

首先，本章对2012—2020年A股分红公告前后机构投资者和个人投资者的（超额）净买入和股票超额收益率进行研究，发现机构投资者能精准的择时交易、择股交易；机构投资者的异常交易与分红股票的未预期盈余一致；机构调研次数高低能解释机构投资者在分红前的异常交易。以上结果表明，红利分配前可能存在信息泄露，机构投资者在分红公告前的异常交易可能是提前获取了内幕信息。其次，发现机构投资者的收益显著为正，个人投资者会受损。最后，研究了分红比例和信息不对称程度对分红公告前机构投资者异常交易的影响，发现分红比例与机构投资者的累计超额净买入显著正相关，信息不对称程度与机构投资者的累计超额净买入显著正相关。

本章的贡献有以下两点：第一，已有研究红利分配与内幕信息的文献主要是从内部人角度进行的，而本书发现，作为外部人的机构投资者也可能在分红前获取内幕信息，使股票市场可能存在信息泄露问题。不同于以往对机构投资者行为的研究主要从事后角度来证明机构选股正确。第二，本章研究了分红信息泄露的经济后果，即可能导致财富从个人投资者转移到机构投资者手中，并且信息在投资者之间的不对称分布导致外部投资者之间的财富效应。因为数据上的局限和寻找证据困难，我国文献较少研究外部投资者之间的财富转移，因此，本章研究将丰富我们关于不同外部投资者之间利益冲突的认识。

第二节　理论分析和研究假设

分红政策作为公司对投资者的回报，一直是政府、股东和投资者关注的热门问题，而我国上市公司因为融资渠道单一等原因，为了保留更多的资金，选择较低的股利支付政策。正因如此，我国的股利分配政策饱受针砭，李常青（1999）、黄明和张冬峰（2012）认为，我国上市公司股利支付率低且不稳定，并且存在许多公司长期不分红的现象。为了鼓励上市公司回报投资者，加强对中小投资者的保护，并且让投资者更好地通过股利支付政策来分析公司的投资价值，我国证监会从 2000 年起颁布了一系列"半强制分红"的政策来规范上市公司的分红行为。2004 年，证监会规定上市公司如果三年没有进行现金分红将不具备再融资资格。2006 年，证监会规定上市公司对于投资者的现金股利和股票股利分配占当年可分配利润的比例不得低于 20%。2008 年，证监会颁布的《关于修改该上市公司现金分红若干规定的决定》规定现金分红的比例不能低于最近三年年均可分配利润的 30%，以此作为上市公司再融资的资格。2012 年，证监会进一步对现金分红比例满足 30% 的上市公司设置了鼓励措施，给上市公司带来了监管压力。

学者也一直在探讨不同投资者对股利政策的偏好。一些国外的学者从股利的平稳客户效应进行研究，发现股利支付政策更稳定的公司对投资者的吸引力更大，投资者普遍更愿意买入或者持有。比如，Black 和 Scholes（1974）、Larkin 等（2016）认为，平稳的鼓励分配政策对投资者有吸引力，如果股利支付政策不平稳，就会降低投资者的持股比例或者"用脚投票"。因此，大部分企业为了吸引投资者愿意分配合理的股利，从而形成股价均衡。Allen 和 Bernardo（2000）研究发现，稳健的股利支付政策能获得投资者的支持，从而缓解了内部人和外部投资者之间的代理冲突，降低融资成本。Miller 和 Modigliani（1961）、Black 和 Scholes（1974）研究发现，大量的公司都希望通过股利支付吸引更多的投资者。

还有一些学者分别从机构投资者和个人投资者的角度研究股利支付政策的偏好。Baker 和 Wurgler（2016）研究了个人投资者对股利政策的偏好，发现个人投资者更喜欢投资股利政策平稳的股票。Crane 等（2012）认为，平稳的股利支付政策使机构投资者的持股比例增加。Larkin 等（2016）通过对美国上市公司的样本进行研究，发现美国上市公司为了吸引共同基金等机构投资者，而实施平稳的股利支付政策。国外学者关于机构投资者的股利偏好理论主要是"顾客效应"和"谨慎人规则"，即机构投资者偏好高股利支付政策的公司主要是因为股利税收优势、交易成本和行为偏差，而"谨慎人规则"是从代理理论和信号理论角度说明机构投资者不可能偏好低股利支付的股票。Brav 和 Heaton（1998）、

Dhaliwal 等（1999）、Allen 和 Bernardo（2000）研究发现，机构投资者偏好高现金股利政策的股票。何涛和陈晓（2002）、杨熠和沈艺峰（2004）、李常青等（2010）从股价的公告效应角度分析机构投资者的偏好。

以往学者的研究说明机构投资者偏好高分红的上市公司，而我国市场的分红除了现金分红这种形式，还包括股票分红，即送股和转股，现金分红和股票分红是在分红公告中同时发布的，股票分红类似于股票拆分，不涉及现金支付，是将盈余公积、资本公积转化为股本的行为。相对于现金分红，我国上市公司更偏爱股票送转，尤其是对于高送转的股票。李心丹等（2014）认为，虽然对于投资者的利益没有任何改变，但是投资者对于"高送转"的公司仍然有投资偏好。不管是现金分红，还是股票分红都向外界传递企业经营良好的信号，传递了利好消息，所以红利公告前股票市场可能存在信息泄露，机构投资者可能获取内幕信息而提前买入（Huang et al.，2016；蔡庆丰和杨侃，2012；薛健和窦超，2015）。以往的研究发现机构投资者偏好高红利分配的公司（李常青等，2010），红利分配是向外界传递了公司的利好消息，机构投资者可能在分红公告前获取内幕信息而提前买入。基于此，提出以下假设：

H6-1：机构投资者在红利分配前的超额净买入显著为正。

机构投资者努力搜寻一切信息并决定是否调整投资组合以实现收益最大化。作为一种会计信息，未预期盈余是企业实际盈余对投资者预期盈余的偏离，一方面取决于投资者对企业未来盈余预期的准确性；另一方面取决于企业过去的财务信息和未来盈余的相关性，是一种不断更新的信息。从本质来看，未预期盈余反映了信息的不确定性，如果企业未来信息的不确定程度越高，投资者的盈余预期准确性就越低，未预期盈余就越大。如果机构投资者具有信息优势，会基于收益与风险的合理匹配而调整投资组合，这正是对冲不确定信息的结果。也就是说，机构投资者对未来不确定的信息会提前做出与未来实际盈余一致的反应，即当公司未预期盈余上升时，机构投资者提前买入或减少卖出，未预期盈余下降时提前卖出或减少买入。因此，如果机构投资者提前获取了公司分红的信息，那么就会在分红公告前表现出与公司未来盈余一致的交易行为，即分红股票的未预期盈余上升，机构投资者的超常净买入上升，或者减少超常卖出。基于此，提出以下假设：

H6-2：分红股票的未预期盈余与机构投资者的累计超额净买入显著正相关。

根据以往研究得出结论，个人投资者与机构投资者相比处于信息劣势地位，Franco 等（2007）发现，由于分析师的误导性行为，财富从个人转移到机构投资者手中。Frazzini 和 Lamont（2006）发现，机构投资者与个人投资者相比能做出更精准的选择，利用盈余公告溢价获利。孔东民和柯瑞豪（2007）考察了各类投资者对盈余公告后漂移的不同作用，发现机构投资者更有信息优势，仓位变化与公告发布之后的盈余正相关。余佩琨等（2009）通过分析机构投资者和个人投资者的仓位变化与股票超额收益率之前的关系，发现机构投资者能利用信息优势获利，而个人投资者在这个博弈过程中受损。李志文等（2008）通过研究机构投资者和个人投资者的"羊群行为"，说明机构投资者比个人投资者更有信息优势，在投资中更容易获利。个人投资者在与机构投资者的博弈中处于劣势，红利分配传递利好信息并且机构投资者可能提前知悉，获得显著为正的财富效应，个人投资因此会受损。基于此，提出以下假设：

H6-3：机构投资者在红利分配前后获得显著为正的收益，个人投资者会受损。

信号理论认为，公司内部人和外部投资者之间的信息是不对称的，内部人拥有外部投资者不知道的信息，红利分配是公司向外界传递的关于公司未来经营业绩好的稳定信号，向投资者传递了利好消息（Bhattacharya，1979；Miller and Rock，1985；Ofer and Siegel，1987），投资者会根据这个信号对公司重新估值。红利分配的比例越高，越能传递公司未来盈利稳定增长的信号，如果提前买入未来经营业绩好的股票能给自身带来利益。因此，如果机构投资者在分红公告前获取了内幕消息，那么对于红利分配比例高的股票可能买入量更高。基于此，提出以下假设：

H6-4：提前获取内幕信息的机构投资者，在红利分配前的累计超额净买入与红利分配比例显著正相关。

经典信息不对称理论认为，公司通常会采取高水平且持续的股利支付策略作为信号，传递公司当前和未来的现金流信息，降低公司内部与外部的信息不对称程度（Bhattacharya，1979；John and Williams，1985；Miller and Rock，1985）。基于我国"半强制分红"政策的制度背景，不是所有公司都能稳定持续地支付红利，那么现有的红利分配政策就不能完全消除信息不对称问题。根据信息经济学理论，机构投资者相对于个人投资者具有专业的对市场和企业分析研究的能力，当信息不对称的时候，机构投资者会凭借其能力努力获取私有信息，Ke 和Petroni（2004）发现，机构投资者为了避免停牌等会对股票市场造成负面影响的事件发生，通过与内部人的交流获取私有信息。Bushee 和 Goodman（2007）利用季度披露的持股数据发现机构投资者为了私利会提前获取公司的内幕消息。当信息不对称程度越高，个人拥有的私有信息质量越差，机构凭借自身获取私有信息的边际收益越高，那么机构越容易进行异常交易。因此，红利分配传递了利好消息，当信息不对称程度越高的时候，机构投资者在分红公告前的净买入程度越高。基于此，提出以下假设：

H6-5：提前获取内幕信息的机构投资者，在红利分配前的累计超额净买入与信息不对称程度显著正相关。

第三节　研究设计

一、样本和数据

本书研究的是红利分配前可能出现的信息泄露和机构投资者的交易行为，首先是事件日的确定。我国股票市场的红利分配信息公开披露三次：第一，作为分红预案在年报中披露。第二，股东大会通过分红预案。第三，分红实施公告日确定最终的分红方案。因为分红预案是投资者首次知晓公司分红信息的时间，因此样本采用2012—2020年A股公司分红预案公告日作为事件日，原始数据来源于Wind中的分红送转数据库，共12871个，剔除了：①股东大会日减分红预案公告日小于7天的样本。②公告前后7天有其他公告发布的样本。③被特殊处理的样本，最终包含6969个样本。

为了控制年报信息对投资者行为的影响，借鉴支晓强等（2014）的"配对"方法，将所有A股股票按照规模和账面市值比分成25组，为每只分红股票在对应的规模和账面市值比分组内挑选总收益增长率最接近但未分红的股票，并且在回归中加入净资产收益率和公司总市值的对数作为控制变量。

因为分红包括现金分红和股票分红，本章把全样本分成现金分红和股票分红两个子样本，并且根据分红比例又分成高现金红利和低现金红利组、高送转和低送转组。对于混合分红的样本，即同时派送现金股利和股票股利的样本不再单独作为一个样本，分别按照分红的高低标准分到现金分红和股票分红子样本中。根据以往的研究（支晓强等，2014），高现金股利指的是每股现金股利大于等于0.1元的股票，高送转指的是每股送转比例大于等于0.5的股票。全样本包括高现金股利3897个样本和低现金股利2957个样本，高送转1097个样本和低送转535个样本。其他财务数据来源于CSMAR数据库。

二、变量及定义

1. 超额收益率和累计超额收益率

定义 R_{it} 为第 i 只股票第 t 个交易日的收益率，定义 R_{mt} 为沪深综指第 t 个交易日的收益率，以分红公告日为事件日0，用-150日至-31日的股票和沪深综指的日收益率估计市场模型 $R_{it} = \alpha_i + \beta_i R_{mt} + \varepsilon_{it}$ 的参数 $\hat{\alpha}_i$ 和 $\hat{\beta}_i$。以分红公告日前20

个交易日至分红公告日后 20 个交易日为事件窗口，计算出分红的股票在这一窗口期每一个事件日的超额收益率，即：

$$AR_{it} = R_{it} - \hat{\alpha}_i - \hat{\beta}_i R_{mt}, \ t \in [-20, +20] \tag{6-1}$$

该股票在期间 $t_1 \sim t_2$ 的累计超额收益率定义为：

$$CAR_{i, t_1, t_2} = \sum_{t=t_1}^{t_2} AR_{it}, \ -20 \leqslant t_1 \leqslant 0 \leqslant t_2 \leqslant +20 \tag{6-2}$$

2. 投资者的净买入、超额净买入、累计净买入和累计超额净买入

对于机构投资者的异常交易，本书采用净买入、超额净买入、累计净买入和累计超额净买入四个指标来度量，与 Wang（2011）类似，本书将单笔交易金额大于等于 100 万元的交易，视为机构投资者的交易；将单笔交易金额小于等于 10 万元的，视为个人投资者的交易。

假设市场上存在一个卖出指令，卖出价为 10 元。买方报价小于 10 元时卖方不会卖，交易不会发生。买方报价大于等于 10 元时，卖方才愿意卖，交易才会发生。理性且买入意愿强烈的购买者，能够成交的最低买入价就是卖出指令的报价 10 元。因此，本章将按现有卖出指令报价成交的交易量，定义为主动性买入量，记第 i 只股票第 t 个交易日的主动性买入量为 Buy_{it}。如果主动性买入的金额大于等于 100 万元，即为机构投资者的主动性买入量；如果主动性买入的金额小于等于 10 万元，即为个人投资者的主动性买入量。

同样地，假设市场上存在一个买入指令，买入报价为 10 元。如果卖方的报价高于 10 元，交易也不会发生。如果卖方报价小于等于 10 元，则交易会发生。理性且卖出意愿强烈的投资者，能够成交的最高卖出价，即为现有买入指令的报价 10 元。因此，本章将按现有买入指令报价成交的交易量，定义为主动性卖出量，记第 i 只股票第 t 个交易日的主动性卖出量为 $Sell_{it}$。如果主动性卖出的金额大于等于 100 万元，即为机构投资者的主动性卖出量；如果主动性卖出的金额小于等于 10 万元，即为个人投资者的主动性卖出量。

借鉴 Ayers 等（2008）的方法，定义机构投资者、个人投资者的净买入为：

$$\text{Netbuy}_{it} = \frac{\text{Buy}_{it} - \text{Sell}_{it}}{\text{Buy}_{it} + \text{Sell}_{it}} \tag{6-3}$$

如果 $\text{Netbuy}_{it} > 0$，即为净买入，其直观含义是买入意愿更强烈；反之如果 $\text{Netbuy}_{it} < 0$，即为净卖出，表示市场上卖出意愿更强烈。期间 $t_1 \sim t_2$ 的累计净买入定义为：

$$\text{CNetbuy}_{i,t_1,t_2} = \sum_{t_1 \leqslant t \leqslant t_2} \text{Netbuy}_{it} \tag{6-4}$$

从净买入 Netbuy_{it} 中剔除正常或预期的净买入，即得到超额净买入。本章采用分红事件首次公告日之前 60 个交易日到前 11 个交易日的日平均净买入来估计预期净买入，即：

$$\text{ANetbuy}_i = \frac{1}{50} \sum_{-60 \leqslant t \leqslant -11} \text{Netbuy}_{it} \tag{6-5}$$

那么第 i 只股票第 t 个交易日的超额净买入即可定义为：

$$\text{EXNetbuy}_{it} = \text{Netbuy}_{it} - \text{ANetbuy}_i \tag{6-6}$$

期间 $t_1 \sim t_2$ 的累计超额净买入即为：

$$\text{CEXNetbuy}_{i,t_1,t_2} = \sum_{t_1 \leqslant t \leqslant t_2} \text{EXNetbuy}_{it} \tag{6-7}$$

超额净买入、累计超额净买入，净买入、累计净买入，到底哪一组变量能够更好地衡量投资者的交易意愿，主要决定于式（6-5）所示的预期净买入的估计方法是否恰当。为了避免分红事件首次公告日之前 60 个交易日到前 11 个交易日的日平均净买入不能代表预期净买入，因度量误差影响研究结果，本章交替使用净买入、超额净买入、累计净买入和累计超额净买入来衡量投资者的交易意愿，因为净买入和累计净买入是不依赖正常交易量的估计结果。

3. 投资者的交易获益

买入之后股票价格上涨，投资者赚了，即 $\text{EXNetbuy}_{it} > 0$ 且 $\text{AR}_{it} > 0$，此时显然有 $\text{EXNetbuy}_{it} \times \text{AR}_{it} > 0$。卖出之后股票价格下跌，投资者也赚了，即 $\text{EXNetbuy}_{it} < 0$

且 $AR_{it}<0$，显然亦有 $EXNetbuy_{it}\times AR_{it}>0$。因此本书定义投资者的交易获益为：

$$Gain_{it} = EXNetbuy_{it}\times AR_{it} \tag{6-8}$$

$Gain_{it}$ 可以近似地估计投资者从交易中赚取的超额收益。用当日的超额收益率与超额净买入相乘来估计投资者的交易获益，实际上是假设投资者在交易日开市时买入。这一假设太强，因此，本章采用超额净买入与当日、次日的平均超额收益率的乘积来估计投资者的交易获益，即：

$$Gain_{it} = EXNetbuy_{it}\times(AR_{it}+AR_{it+1})/2 \tag{6-9}$$

用超额净买入估计投资者的交易意愿和交易数量，可能因为预期净买入的估计偏误而存在度量误差。为了避免这种度量误差对研究结果的影响，本章采用投资者的净买入替换式（6-8）和式（6-9）中的超额净买入，即得到投资者交易获益的另外两种测算方法：

$$Gain_{it} = Netbuy_{it}\times AR_{it} \text{ 或 } Gain_{it} = Netbuy_{it}\times(AR_{it}+AR_{it+1})/2 \tag{6-10}$$

三、模型构建与相关变量计算

为了检验 H6-2（机构投资者异常交易与分红股票未预期盈余的关系），以及 H6-4 和 H6-5（分红公告前分红比例、信息不对称程度对机构投资者异常交易的影响），选择分红公告发布前 5 天机构投资者的累计超额净买入 CEXNetbuy 作为被解释变量，对模型（6-11）进行回归分析。在稳健性检验中用累计净买入 CNetbuy 作为被解释变量对模型（6-12）回归：

$$CEXNetbuy_{it} = \beta_0 + \beta_1 SUE + \beta_2 PE_{i,t-1} + \beta_3 ROE_{i,t-1} + \beta_4 Turnover_{i,t} + \beta_5 State_{i,t} +$$
$$\beta_6 Size_{i,t-1}+ \sum Year+ \sum Ind+\varepsilon \tag{6-11}$$

$$CNetbuy_{it} = \beta_0 + \beta_1 Ratio_{i,t} + \beta_2 Intan_{i,t-1} + \beta_3 PE_{i,t-1} + \beta_4 ROE_{i,t-1} + \beta_5 Turnover_{i,t} +$$
$$\beta_6 State_{i,t}+\beta_7 Size_{i,t-1}+ \sum Year+ \sum Ind+\varepsilon \tag{6-12}$$

1. 检验变量

SUE 为标准化的未预期盈余，借鉴 Solomon 和 Soltes（2015）用未预期盈余作为信息优势的度量指标来考察机构投资者获取私有信息的能力。Ratio 是红利分配的比例，包括现金分红和股票分红，如果当年既有现金分红又有股票分红，用现金分红的数值。在稳健性检验中，分别对现金分红和股票分红的样本检验，即分别检验现金分红比例和股票分红比例对公告前机构投资者买入行为的影响。本章的检验变量是信息不对称程度，Miguel 和 Pindado（2001）认为，一个企业拥有的无形资产占总资产的比例越高，就越具有信息优势、信息不对称程度越高。因为，无形资产对于外部投资者来说不容易度量，代表着未来投资机会的自由度，而如果一个企业的有形资产越多，则越容易评估，说明企业的信息透明度越高、信息不对称程度越低。因此，本章借鉴以上文献的研究方法，用分红公告的上年末无形资产占总资产的比重 Intan 代表红利实施的企业与投资者信息不对称的程度。Minenna（2003）认为，公司股票收益率波动性和盈余波动性代表公司面临的风险程度，风险越高，信息不对称程度越高。

本章用 Var 收益的年振幅作为信息不对称程度的另一种度量方法，分红公告的上年收益年振幅计算方法如下：

收益年振幅＝（最高成交价−最低成交价）/最低成交价×100%。

2. 控制变量

控制变量如表 6-1 所示。根据以往的研究，国有企业（以下简称国企）相对于非国有企业（以下简称非国企）的信息不对称程度更低，因为国企规模大、各项制度相对规范、面临的舆论和媒体监督压力更大（熊艳等，2011），国企的信息透明度更高。非国企规模相对小，制度的规范性相对较低、信息透明度低、信息不对称程度相对较高（林毅夫和孙希芳，2005）。因此，本章采用红利实施的企业是否属于国企作为控制变量。另外，股票换手率越高说明股票的信息不对称程度越高，本章采用红利实施公告前一周股票的换手率作为控制变量。鲁桂华（2012）发现，股票价格与最近年度的会计利润、营业收入的增长率、营业利润的增长率等会计数据是正相关的。正是因为会计数据的这种价值相关性，上市公司倾向于披露积极的消息以推动股票价格上涨，从而谋求最大的收益。虽然未来的盈利、未来营业收入与盈利的成长性不可观测，但内部人士关于公司未来的盈利能力及其成长性是具有优势信息的。所以，处于信息劣势地位的外部投资者会努力获取这些信息，本章把红利实施上年末企业的市盈率、净资产收益率和企业规模作为控制变量。

表 6-1 变量的定义

变量类型	变量名称	变量符号	变量释义
被解释变量	累计超额净买入	CEXNetbuy	机构投资者在分红公告−5 日至 0 日的累计超额净买入
	累计净买入	CNetbuy	机构投资者在分红公告−5 日至 0 日的累计净买入
检验变量	未预期盈余 1	SUE1	（每股收益−分析师预测收益中位数）/当日股价
	未预期盈余 2	SUE2	时间序列模型计算的未预期盈余
	分红比例	Ratio	现金分红或者股票分红的比例
	信息不对称程度 1	Intan	分红实施上年末无形资产占总资产的比例
	信息不对称程度 2	Var	分红实施上年收益率的波动率
控制变量	市盈率	PE	分红实施上年末市盈率
	净资产收益率	ROE	分红实施上年末净资产收益率
	换手率	Turnover	分红实施前一周的换手率
	是否国企	State	分红实施的企业是否属于国企
	企业规模	Size	分红实施上年末总市值的对数
	年度/行业虚变量	Year & Ind	

第四节 实证结果及分析

一、主要变量的描述性统计

红利分配中高现金股利和高股票股利的样本总数是 11277 个，其中实施现金股利分红的样本是 8569 个，实施股票股利分红的样本是 3792 个（有部分现金分红和股票分红同时实施）。这说明大部分公司主要是以现金股利的形式分红。样本变量的描述性统计如表 6-2 所示，可以看出，分红实施公告日前 5 个交易日至公告日，机构的累计超额净买入的均值为 0.02、中位数为 0.01，均大于 0，最大值为 1.13。这一结果表明，大部分机构在高的红利分配公告之前买入水平高于平时的平均水平，这是巧合还是已经获取内幕消息？公告前 5 个交易日至公告日，个人投资者累计超额净买入的均值为 -0.03、中位数为 -0.02，都小于 0。这说明大部分散户在红利分配公告前选择卖出，与机构投资者的交易方向相反。分红比例 Ratio 的均值为 0.27，中位数为 0.18，说明我国大部分公司的分红比例不高，与发达国家高分红比例的现状不同。信息不对称的两个衡量指标 Intan 和 Var 的标准差分别为 0.06、108.66，这样互为稳健性检验能消除数据变量选择方法不同带来的误差。PE 均值为 59.18，中位数为 37.89，说明整体分红的样本公司估值水平较高。Turnover 的均值为 17.34，中位数为 9.43，说明换手率较高。State 的均值为 0.35，中位数为 0.00，说明大部分公司不是国企。

表 6-2　主要变量的描述性统计结果

变量	均值	标准差	最小值	中位数	最大值
CEXnetbuy_ in	0.02	0.10	-1.10	0.01	1.13
CEXnetbuy_ pr	-0.03	0.15	-2.19	-0.02	1.96
SUE1	0.004	0.002	0.011	-0.088	0.002
SUE2	0.005	0.002	0.010	-0.074	0.002
Ratio	0.27	0.36	0.00	0.18	11.00
Intan	0.04	0.06	0.00	0.03	0.75
Var	97.63	108.66	13.73	63.26	1967.29
PE	59.18	106.32	-137.32	37.89	3091.30
ROE	8.79	9.14	-159.97	8.37	67.67
Turnover	17.34	22.26	0.03	9.43	250.24
State	0.35	0.48	0.00	0.00	1.00

变量	均值	标准差	最小值	中位数	最大值
Size	23.17	1.19	20.38	22.96	28.39

二、机构投资者提前获取内幕信息

1. 择时行为

如果分红公告前存在信息泄露，机构投资者提前获取了内幕消息，那么机构投资者更可能在公告前显著买入分红比例高的股票，而不是选择分红比例低的股票。本章先通过机构投资者在分红公告前的择时行为来分析机构投资者可能提前获取了内幕消息，为了加强稳健性，分别检验机构投资者在现金分红和股票分红之前的异常交易，对比高现金红利和低现金红利组公告前后机构的（累计）超额净买入，高送转和低送转组公告前后机构的（累计）超额净买入。

如表6-3所示，高现金红利组在分红公告日前5天，即窗口期［-5，0］机构投资者的超额净买入逐渐增加，在公告日前两天，即-2、-1两日的超额净买入显著为正，说明机构投资者在公告日前的买入量超过平时的平均水平，此时的股票AR在最低点，之后逐渐升高，说明机构投资者买入即涨。窗口期［-5，0］机构投资者的累计超额净买入在-3、-1、0三日显著为正，说明作为一个整体来看，机构投资者在高现金红利组是超出平时的平均水平显著买入的。对比低现金红利组，分红公告前5天，机构投资者的（累计）超额净买入没有显著为正，且-3、-2日的超额净买入为负。说明机构投资者在低现金红利组分红公告前没有显著买入。再看表6-4，分红公告日前后20天的CAR值都显著为正，并且逐渐增大，说明分红公告传递了利好消息。对比分析，不管是高现金红利还是低现金红利组，个人投资者在分红公告前的（累计）超额净买入都没有显著买入或者卖出，说明散户对于这个消息毫不知情，而公告日0点个人投资者显著买入，说明在知道现金分红的利好消息时，散户是积极买入的。在配对的股票股利组中，机构投资者在公告日前的超额净买入没有显著为正，说明在基本面类似的股票中，现金分红前机构投资者的交易量高于平时平均水平。

表6-3 高现金红利和低现金红利对比：投资者在分红公告
前后的（累计）超额净买入

事件日	高现金红利				低现金红利			
	机构投资者		个人投资者		机构投资者		个人投资者	
	超额净买入	累计超额净买入	超额净买入	累计超额净买入	超额净买入	累计超额净买入	超额净买入	累计超额净买入
-5	0.001	0.008	-0.001**	-0.004	0.016	0.024	0.007	0.023
-4	0.000	0.012	-0.003	-0.001	0.008	0.001	0.008	0.026
-3	0.000	0.005**	0.001	0.007	-0.003	-0.009	-0.003	0.014
-2	0.002**	0.005	0.000	0.003	-0.001	0.022	0.001	0.020
-1	0.004**	0.005*	-0.002	0.001	0.008	0.035*	-0.003	0.019
0	-0.001*	0.000**	0.001***	0.000***	0.012	0.019	0.010*	0.028*
1	-0.001	0.003	-0.001	-0.001***	0.003	0.016	0.009**	0.033*
2	-0.002	0.000	0.000**	-0.004***	0.011	0.033	0.008	0.014
3	0.006	0.013	0.003	0.003***	0.001	-0.005*	0.005	0.013
4	0.002	0.007	0.000	-0.001***	0.007	-0.005	0.007	0.011
5	0.001**	0.006	0.002***	0.003***	0.005	0.038	0.013***	0.031

注：***、**、*分别表示在1%、5%和10%的水平上显著。

表6-4 分红公告窗口期 [-20, 20] 的 CAR 和 AR

交易日	CAR	AR
-20	0.000***	0.000
-10	0.010***	0.001***
-9	0.011***	0.001**
-8	0.012***	0.001***
-7	0.013***	0.001**
-6	0.014***	0.0006
-5	0.017***	0.003***

续表

交易日	CAR	AR
-4	0.018***	0.001**
-3	0.019***	0.001**
-2	0.021***	0.002***
-1	0.023***	0.003***
0	0.028***	0.005***
1	0.032***	0.004***
2	0.034***	0.003***
3	0.036***	0.004***
4	0.037***	0.0027
5	0.037***	0.0001
6	0.038***	0.001**
7	0.039***	0.0006
8	0.040***	0.001**
9	0.040***	-0.0006
10	0.041***	0.001**
20	0.047***	0.0010

注：***、**、*分别表示在1%、5%和10%的水平上显著。

再看表6-5，高送转组在分红公告日前5天都为正且逐渐增加，从-3日开始显著为正，到-1日显著程度最高，公告日0点之后不再显著，说明机构投资者对于高送转的股票是提前买入的，并且买入量高于平时的平均水平。公告日前后5天，即窗口期［-5，5］机构投资者的累计超额净买入都为正，并且在公告日前4天到后3天显著为正，这说明作为一个整体来看，机构投资者在高送转前后的买入量高于平时的平均水平。表6-5中公告日前4天股票AR也是显著逐渐升高的，高送转前机构投资者的超额净买入和AR同时增加，说明机构投资者买入即涨。对比看低送转组，机构投资者的超额净买入在红利公告前后5天大多为负，并且在-2天显著为负，说明对于低送转的股票，机构投资者的买入量并没有高于平时的平均水平，甚至还低于平时水平。累计超额净买入也是基本为负，尤其是公告日前两天显著为负，说明作为一个整体来看，机构投资者的买入量低于平时的平均水平。高送转组和低送转组个人投资者在公告日前的超额净买入和累计超额净买入都没有显著为正，在公告日之后都为正，且有显著为正的情况，说明股票股利分配前个人投资者毫不知情，公告日之后开始陆续买入，H6-1得到初步检验。

表6-5　高送转和低送转对比：投资者在分红公告前后的（累计）超额净买入

事件日	高送转				低送转			
	机构投资者		个人投资者		机构投资者		个人投资者	
	超额净买入	累计超额净买入	超额净买入	累计超额净买入	超额净买入	累计超额净买入	超额净买入	累计超额净买入
−5	0.001	0.003	−0.002 *	−0.001	0.003	−0.012	−0.007	0.005
−4	0.001	0.004 **	−0.002 *	−0.003	0.000	0.008	−0.004	0.001
−3	0.002 *	0.005 **	0.001	−0.007	−0.005	0.013	0.001	0.015
−2	0.002 *	0.007 **	0.000	0.005	−0.016 *	−0.025 *	0.005	0.020
−1	0.004 ***	0.005 ***	0.000	0.004	0.004	−0.017 *	0.003	0.017
0	0.001	0.007 *	0.003 ***	0.006 ***	−0.008	−0.008	0.017 *	0.033 *
1	0.000	0.003 ***	0.000	0.002	−0.002	−0.002	0.006	0.017 *
2	−0.001	0.005 **	0.002	0.003	−0.017	−0.048	0.008 *	0.025 *
3	0.004 ***	0.004 ***	0.002 **	0.005	−0.010	−0.046 *	0.017	0.033
4	0.000	0.007	0.001	0.007	−0.004 *	−0.007 *	0.017	0.033
5	0.002 *	0.006 **	0.003 ***	0.007	0.011	0.002	0.002	0.018

注：*** 、** 、* 分别表示在1%、5%和10%的水平上显著。

纵向对比表6-3高现金红利组和表6-5高送转组，高送转前后机构投资者的买入量和显著程度从整体上高于高现金红利组，这跟我国目前投资者热衷于"高送转"股票的情况一致。综合来看，不管是现金分红还是股票分红，机构投资者都是在红利分配水平高的组买入量高于平时平均水平，这是巧合还是在知情的条件下做出的精准选择？接下来从择股行为继续分析。

2. 择股行为

如果分红公告前机构投资者对于红利分配水平高的股票买入量高于红利分配水平低的股票买入量是因为提前获取了内幕消息，那么出于利益考虑，机构投资者对于红利分配水平更高的股票的买入量会更高。接下来，按照每股现金股利大于等于0.5的股票，以及每股送转比例大于等于1的股票分组（即高红利分配从大到小排序占前10%的股票），分析机构投资者在公告前的异常交易行为，结果如表6-6所示。对于高送转比例大于1的股票，机构投资者的超额净买入在分红公告前4天显著为正，并且从表6-5高送转组和低送转组中可以看出，分红公告日前4天高送转组中机构投资者的超额净买入高于低送转组。再看表6-6机构投资者的净买入和累计净买入，整个窗口期基本显著为正，尤其是累计净买入在整个窗口期［-5，5］都在1%的水平上显著为正，进一步说明机构投资者对于高送转比例大于1的股票买入量较高。对比分析个人投资者，公告之前的（超额）净买入、累计（超额）净买入没有显著为正，说明散户处于信息劣势地位，没有提前买入股票。公告日之后个人投资者的超额净买入显著为正，说明散户对于"高送转"的股票买入水平高于平时平均水平。

表6-6　高送转比例大于1：投资者在分红公告前后的（累计）超额净买入、（累计）净买入

事件日	机构投资者		个人投资者		机构投资者		个人投资者	
	超额净买入	累计超额净买入	超额净买入	累计超额净买入	净买入	累计净买入	净买入	累计净买入
-5	0.005	0.024***	0.004	-0.007	0.006***	0.031***	-0.004	-0.044***
-4	0.007**	0.021***	0.000	0.003	0.002	0.028***	-0.002	-0.034***
-3	0.005*	0.022***	0.002	0.012	0.004**	0.029***	-0.004	-0.026***
-2	0.007**	0.018***	0.003	-0.001	0.005**	0.026***	-0.003	-0.038***
-1	0.009***	0.017***	0.000	-0.001	0.002	0.024***	-0.001	-0.035***

续表

事件日	机构投资者		个人投资者		机构投资者		个人投资者	
	超额净买入	累计超额净买入	超额净买入	累计超额净买入	净买入	累计净买入	净买入	累计净买入
0	−0.009 **	0.026 ***	0.015 ***	0.000	0.017 ***	0.033 ***	−0.018 ***	−0.033 ***
1	−0.003	0.020 ***	0.004 **	−0.002	0.006	0.027	−0.012 **	−0.034 ***
2	−0.007 *	0.025 ***	0.012 ***	−0.011	0.014 ***	0.032 ***	−0.016 ***	−0.043 ***
3	0.001	0.025 ***	0.007 **	0.005	0.009 ***	0.032 ***	−0.008 **	−0.033 ***
4	0.004	0.022 ***	0.006 **	0.002	0.008 ***	0.029 ***	−0.006	−0.033 ***
5	−0.003	0.021 ***	0.009 ***	−0.004	0.011 ***	0.028 ***	−0.013 ***	−0.038 ***

注: *** 、 ** 、 * 分别表示在 1% 、5% 和 10% 的水平上显著。

如表6-7所示，对于现金股利大于0.5的股票，机构投资者的超额净买入在分红实施公告前3天显著为正，且从表6-3中可以看出，高现金股利组中机构投资者的超额净买入在公告前3天高于低现金股利组。再看表6-7机构投资者的净买入，整个窗口期基本为正，尤其是公告在−3日和−1日显著为正，进一步证明机构投资者对于高现金分红比例大于0.5的股票买入量较高。对比分析个人投资者，公告之前的（超额）净买入，累计（超额）净买入没有显著为正，说明散户处于信息劣势地位，没有提前买入股票。公告日之后个人投资者的超额净买入显著为正，说明散户对于高现金股利的股票买入水平高于平时平均水平。

不管是高送转还是高现金分红，机构投资者总是精准地做出选择，选择分红更高的股票买入，说明机构投资者可能是提前获取了内幕消息。公告日前后机构显著买入，散户却毫不知情，这样会导致财富发生转移吗？

表6-7 现金股利大于0.5：投资者在分红公告前后的
（累计）超额净买入、（累计）净买入

事件日	机构投资者		个人投资者		机构投资者		个人投资者	
	超额净买入	累计超额净买入	超额净买入	累计超额净买入	净买入	累计净买入	净买入	累计净买入
−5	0.001	0.005	−0.003 **	0.004	−0.001	0.011	−0.008	−0.030

续表

事件日	机构投资者		个人投资者		机构投资者		个人投资者	
	超额 净买入	累计超额 净买入	超额 净买入	累计超额 净买入	净买入	累计 净买入	净买入	累计 净买入
-4	0.002	0.006	-0.001	0.005	0.000	0.012	-0.007	-0.031
-3	0.004**	0.010***	0.001	0.010	0.003**	0.017	-0.006	-0.026
-2	0.002**	0.007**	0.001	0.007	0.002	0.014	-0.007	-0.027
-1	0.003**	0.006**	0.001	0.007	0.003**	0.013	-0.006	-0.028
0	0.002*	0.011***	0.005***	0.010***	0.007*	0.016	-0.007*	-0.022
1	0.000	0.005	0.001	0.004	0.003	0.010	-0.009	-0.026
2	0.000	0.003	0.003**	0.008**	0.005	0.014	-0.009	-0.030
3	0.002	0.001**	0.002	0.007	0.003	0.014	-0.007	-0.034
4	-0.001	0.006	0.002	0.011	0.004	0.017	-0.011	-0.027
5	0.004	0.008**	0.004***	0.010	0.006	0.017	-0.006**	-0.026

注：***、**、*分别表示在1%、5%和10%的水平上显著。

以上通过现金股利和高送转的进一步分组，来检验机构投资者在高红利分配之前提前买入股票可能是提前知道了内幕消息。为了增强稳健性，接下来分别把机构投资者在高现金股利和高送转红利实施公告前5天，即窗口期［-5，0］机构投资者和个人投资者的净买入按照从大到小排序并分成十组。第一组是卖出意愿最强烈的一组，净买入为负；第十组是买入意愿最强烈的一组，净买入为正。然后分别计算高现金红利组和高送转组中机构投资者和个人投资者卖出意愿最强烈组和买入意愿最强烈组的累计超额收益率，如图6-1、图6-2、图6-3、图6-4所示：

图6-1是高送转组（每股送转比例大于等于0.5）中机构投资者和个人投资者卖出意愿最强烈组的CAR值对比，机构投资者卖出意愿强烈的股票，累计超额收益率在-1日达到最高值0.059，之后开始逐渐跌落，到+20日为0.027；个人投资者卖出意愿强烈的股票CAR值逐渐增大，从-7日开始由负变为正0.001，

到 0 日开始陡然增大为 0.025，之后虽然有小幅度下降，但是 0 日之后 CAR 仍然在比较高的水平，大于 0 日之前的 CAR 值。图 6-2 中可以看出，机构买入意愿强烈的股票累计超额收益率持续上升，而个人投资者买入意愿强烈的股票累计超额收益率持续下降。同样，图 6-3 和图 6-4 高现金红利组机构投资者卖出意愿强烈的股票 CAR 值逐渐下降，买入意愿强烈的股票 CRA 值逐渐增加，个人投资者卖出意愿强烈的股票 CAR 值逐渐上升。

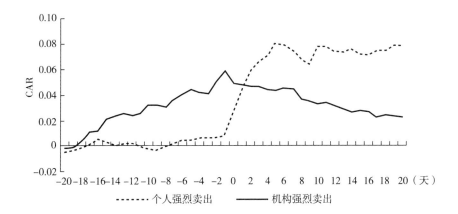

图 6-1 高送转组中机构投资者和个人卖出意愿最强烈组的 CAR 值对比

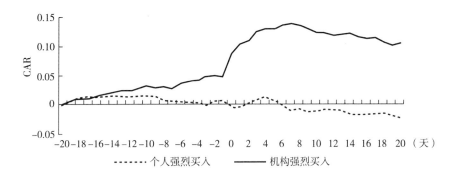

图 6-2 高送转组中机构投资者和个人买入意愿最强烈的 CAR 值对比

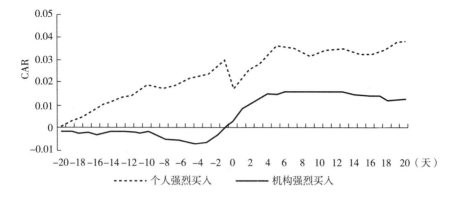

图6-3　高现金红利组机构投资者和个人买入意愿最强烈的 CAR 值对比

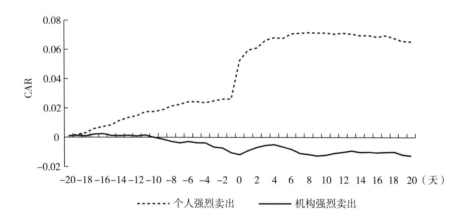

图6-4　高现金红利组机构投资者和个人卖出意愿最强烈的 CAR 值对比

综上可以看出，机构投资者总能做出"精准"选择，卖出即跌、买入即涨，说明机构投资者可能提前知晓了红利分配的消息，不管是现金分红还是股票分红，这种择股行为进一步验证机构投资者可能是提前获取了内幕消息。个人投资者总是卖出即涨、买入即跌，在毫不知情的情况下接盘，这种相反的投资可能导致财富从个人投资者转移到机构投资者手中，H6-1 得到进一步检验。

3. H6-2 的检验：机构投资者累计超额净买入与分红股票未预期盈余的关系

为了检验机构投资者的异常交易与分红股票未预期盈余之间的关系，即 H6-2，对模型（6-11）进行回归分析，结果如表6-8所示，未预期盈余SUE1的回归系数为0.052，在1%的水平上显著为正，说明机构投资者的异常交易与未来盈余一致。当未预期盈余为SUE2时，结果与SUE1一致，也在1%的水平上显著为正。表6-8的结果支持了H6-2，说明机构投资者的异常交易可能是提前获取了私有信息。

表6-8　机构投资者的累计超额净买入与未预期盈余

变量	CEXNetbuy	
SUE1	0.052***	
	(2.59)	
SUE2		0.051***
		(2.61)
PE	0.032*	0.032*
	(1.66)	(1.68)
ROE	0.034	0.034
	(1.57)	(1.59)
Turnover	-0.000*	-0.000*
	(-1.78)	(-1.81)
State	-0.007**	-0.007**
	(-2.01)	(-2.01)
size	-0.011***	-0.011***
	(-6.38)	(-6.44)
Constant	0.242***	0.244***
	(4.93)	(4.98)
Year & Ind	YES	YES
Observations	11277	11277
F	5.52	5.51
R^2	0.02	0.02

注：***、**、*分别表示在1%、5%和10%的水平上显著，括号内数值为t值。

4. 机构投资者的调研次数与（超额）净买入

因为全样本中机构投资者的超额净买入在高现金分红公告前2天显著为正，

说明机构最有可能在现金分红公告前 2 天买入股票；机构投资者的超额净买入在高送转公告前 3 天显著为正，说明机构最有可能在高送转公告前 3 天买入股票。所以本章分别将机构投资者、个人投资者在高现金分红公告前 2 天的净买入、超额净买入，在高送转公告前 3 天的净买入、超额净买入，分别按照红利公告上一年机构到上市公司跟踪调研的总次数从高到低排序，等分成高、中、低三组，结果如表 6-9、表 6-10 所示：①不论是高现金分红还是高送转，在机构调研次数高、中、低三组中，机构投资者的净买入和超额净买入为正，个人投资者的净买入和超额净买入为负，并且差额显著为正。这表明，机构投资者有可能借助分红公告前的调研，获得上市公司的私有信息，而个人投资者则没有这些私有信息。②逐对比较的结果表明，调研次数高的样本组，机构投资者的净买入、超额净买入高于其他样本组。调研次数高的样本组，机构投资者与个人投资者净买入的差异、超额净买入的差异，相对于其他样本组，显著更高。这一结果也表明，调研次数与机构投资者的净买入正相关。以上结果与 H6-1 的预期是一致的，机构投资者在分红公告前显著买入股票可能是提前获取了内幕消息。

表 6-9 机构投资者调研次数与高现金分红前（超额）净买入

机构跟踪调研次数	超额净买入			净买入		
	机构[a]	个人	差额[b]	机构[c]	个人	差额[d]
高	0.005	−0.007	0.012[***]	0.003	−0.008	0.011[***]
中	0.004	−0.006	0.010[**]	0.002	−0.007	0.009[***]
低	0.003	−0.005	0008[*]	0.001	−0.006	0.007[***]

注：***、**、*分别表示在 1%、5%和 10%的水平上显著。

abcd：无论是机构的超额净买入、净买入，还是机构相对于个人超额净买入、净买入的差额，高调研组相对于中、低组的差异，均在 1%的水平上显著。

表 6-10 机构投资者调研次数与高送转前（超额）净买入

机构跟踪调研次数	超额净买入			净买入		
	机构[a]	个人	差额[b]	机构[c]	个人	差额[d]
高	0.005	−0.007	0.012[***]	0.003	−0.008	0.011[***]

机构跟踪调研次数	超额净买入			净买入		
	机构[a]	个人	差额[b]	机构[c]	个人	差额[d]
中	0.004	−0.006	0.010***	0.002	−0.008	0.010***
低	0.002	−0.006	0.008***	0.001	−0.007	0.008***

注：***、**、*分别表示在1%、5%和10%的水平上显著。

abcd：无论是机构的超额净买入、净买入，还是机构相对于个人超额净买入、净买入的差额，高调研组相对于中、低组的差异，均在1%的水平上显著。

三、机构和个人投资者的财富效应

分红公告发布之前机构投资者提前买入、个人投资者却选择卖出，个人投资者总是采取与机构投资者相反的投资策略，这意味着在分红公告前后5天，即窗口期［−5，5］内，机构投资者可能盈利而个人投资者可能亏损，存在系统性的财富转移。为了研究窗口期内机构与个人投资者之间的财富转移现象，本书根据本章第三节研究设计中的式（6-8）～式（6-10）所示的投资者交易获益的方法，估算分红公告前5个交易日至后5个交易日，即−5日至+5日，机构投资者和个人投资者的交易获益。

如表6-11所示，对于高现金股利分红的样本，有如下结论：①如果用当日超额净买入×当日超额收益率来估计交易获益，整个窗口期［−5，5］机构投资者的获益都在1%的水平上显著为正，机构投资者能够赚取显著为正的超额收益；对于个人投资者来说，除了0和+2两天，其余几天个人投资者的收益都显著为负，个人投资者则是显著亏损。②如果用当日超额净买入×当日和次日平均超额收益率来估计交易获益，除了−2、0、+1日，机构投资者的获益显著为正；个人投资者的收益基本为负。③如果用当日净买入×当日超额收益率来估计交易获益，整个窗口期［−5，5］机构投资者的获益都在1%的水平上显著为正；除了0日，个人投资者的交易获益都显著为负。④如果用当日净买入×当日和次日平均超额收益率来估计交易获益，除了 -2、0、+1 日，机构投资者的交易获益都显著为正；个人投资者的交易获益大都显著为负。这些结果与 H6-2 的预期是一致的，即提前获取内幕消息的机构投资者能从交易中赚取显著为正的超额收益，而个人投资者则显著地受损。

表6-11 高现金股利分红：机构、个人投资者分红公告前后的财富效应

事件日	Ⅰ. 当日超额净买入×当日超额收益率（%）		Ⅱ. 当日超额净买入×当日和次日平均超额收益率（%）		Ⅲ. 当日净买入×当日超额收益率（%）		Ⅳ. 当日净买入×当日和次日平均超额收益率（%）	
	机构投资者	个人投资者	机构投资者	个人投资者	机构投资者	个人投资者	机构投资者	个人投资者
-5	0.10***	-0.01**	0.01***	0.00	0.10***	-0.01**	0.01***	0.00
-4	0.10***	-0.01*	0.01***	0.00	0.10***	-0.01*	0.01***	0.00
-3	0.11***	-0.01***	0.01***	0.00***	0.10***	-0.01***	0.01***	0.00***
-2	0.11***	-0.01***	0.02	0.01***	0.11***	-0.01***	0.02	0.01***
-1	0.12***	-0.01**	0.03**	-0.01**	0.10***	-0.01**	0.02**	-0.01**
0	0.12***	0.00	0.02	0.00	0.11***	0.00	0.01	0.00
1	0.12***	-0.01**	0.02	-0.01*	0.10***	-0.01**	0.02	-0.01*
2	0.12***	-0.01	0.01***	0.00	0.10***	-0.01	0.01***	0.00
3	0.11***	-0.02**	0.01***	-0.01**	0.10***	-0.02**	0.01***	-0.01*
4	0.11***	-0.01**	0.03**	-0.01	0.10***	-0.01**	0.00***	-0.01
5	0.10***	-0.01**	0.03**	-0.01	0.10***	-0.01**	0.00***	-0.01

注：***、**、*分别表示在1%、5%和10%的水平上显著。

如表6-12 高送转分红的样本所示，可以看到不管是哪种计算方法，机构投资者在窗口期［-5，5］中每天的收益都是显著为正，而个人投资者在窗口期每天的收益都是显著为负，机构投资者在高送转分红前后收益高于高现金分红的收益，这与前面的研究结论一致，即机构投资者对于高送转分红的股票买入量整体上高于高现金股利分红股票的买入量，因此机构投资者因高送转分红股票的提前买入获取了更高的回报。不管是高现金还是高送转股利分红，机构投资者都能在

分红公告前后赚取显著为正的超额收益，个人投资者在窗口期的超额收益则显著为负。这说明机构投资者可能提前获取了内幕消息，并且异常交易导致财富从个人投资者向机构投资者转移，H6-3得到检验。

表6-12　高送转股利分红：机构、个人投资者分红公告前后的财富效应

事件日	Ⅰ. 当日超额净买入×当日超额收益率（%）		Ⅱ. 当日超额净买入×当日和次日平均超额收益率（%）		Ⅲ. 当日净买入×当日超额收益率（%）		Ⅳ. 当日净买入×当日和次日平均超额收益率（%）	
	机构投资者	个人投资者	机构投资者	个人投资者	机构投资者	个人投资者	机构投资者	个人投资者
−5	1.10**	−0.90**	1.10**	−0.80**	1.20**	−0.90**	1.20**	−0.90**
−4	1.20**	−0.90**	1.20**	−0.90**	1.20**	−0.80**	1.20**	−0.80**
−3	1.50***	−0.80**	1.50***	−0.80**	1.40***	−0.80**	1.40***	−0.80**
−2	1.50***	−0.70***	1.50***	−0.70***	1.50***	−0.70***	1.50***	−0.70***
−1	1.60***	−0.80***	1.60***	−0.80***	1.40***	−0.80***	1.40***	−0.80***
0	1.60***	−0.80**	1.60***	−0.80**	1.60***	−0.70**	1.60***	−0.60**
1	1.60***	−0.60***	1.60***	−0.60***	1.60***	−0.60***	1.60***	−0.60***
2	1.40***	−0.50***	1.50***	−0.50***	1.40***	−0.50***	1.60***	−0.50***
3	1.40***	−0.20***	1.40***	−0.20***	1.40***	−0.20***	1.40***	−0.20***
4	1.30**	−0.40	1.30**	−0.40	1.30**	−0.40	1.30**	−0.40
5	1.20**	−0.50	1.20**	−0.50	1.30**	−0.60	1.30**	−0.60

注：***、**、*分别表示在1%、5%和10%的水平上显著。

四、信息泄露的影响因素

如果机构投资者在分红公告前获取了内幕消息，那么对于分红比例越高的股票，机构的异常交易量越大；信息不对称程度越高，机构获得私有信息的边际收益越高，异常交易量也会越大。接下来检验H6-4和H6-5分红公告前分红比例和信息不对称程度对机构投资者异常交易的影响，本章以分红公告前5天，即窗口期［−5，0］机构投资者的累计超额净买入和累计净买入为被解释变量，用分

红公告上年末无形资产占总资产的比重和收益年振幅为检验变量,两者互为稳健性检验;同时加入与信息不对称程度相关的变量和财务指标作为控制变量。

表6-13报告了分红比例和信息不对称程度对红利公告事件前机构投资者异常交易的影响,不管是否考虑控制变量,解释变量Ratio、Intan和Var的系数都显著为正,其中不考虑控制变量的时候,解释变量Ratio的系数是0.014,在1%的水平上显著为正,解释变量Intan的系数是0.059,在1%的水平上显著为正,解释变量Var的系数是0.003,在1%的水平上显著为正。加入了控制变量,信息不对称程度为Intan时,解释变量Ratio的系数是0.015,在1%的水平上显著为正,解释变量Intan的系数是0.081,在1%的水平上显著为正;信息不对称程度为Var时,解释变量Ratio的系数是0.011,在1%的水平上显著为正,解释变量Var的系数是0.002,在1%的水平上显著为正。说明分红公告前,对于分红比例越高的股票,机构投资者的整体买入量越高;信息不对称程度越高,机构投资者的整体买入量越高。初步验证了H6-4和H6-5。

表6-13 机构投资者异常交易的影响因素

变量	CEXNetbuy				
Ratio	0.014***			0.015***	0.011***
	(6.90)			(6.06)	(5.18)
Intan		0.059***		0.081***	
		(3.49)		(4.45)	
Var			0.003***		0.002***
			(8.26)		(4.15)
PE				0.000*	0.000**
				(1.75)	(2.15)
ROE				0.000**	0.000
				(2.22)	(1.48)
Turnover				0.000***	0.000
				(4.80)	(1.15)

变量	CEXNetbuy				
State				0.005*	0.007***
				(1.84)	(2.91)
size				0.001	0.003***
				(0.58)	(2.86)
Constant	0.002*	0.003**	-0.004**	-0.021	-0.103***
	(1.67)	(2.41)	(-2.09)	(-0.61)	(-3.11)
Year & Ind	NO	NO	NO	YES	YES
Observations	11277	11277	11277	11277	11277
F	47.54	12.20	68.22	11.00	10.09
R^2	0.004	0.001	0.006	0.04	0.03

注：***、**、*分别表示在1%、5%和10%的水平上显著，括号内数值为t值。

控制变量中，市盈率也在1%的水平上显著为正，说明上年估值越高的股票，机构投资者买入量越高。净资产收益率显著为正，说明机构投资者对上年收益高的股票买入量越高。一些学者认为换手率也可以度量信息不对称程度，换手率越高说明信息不对称程度越高。表6-13中4个回归结果的换手率都在1%的水平上显著为正，进一步说明对于信息不对称程度高的股票，机构投资者在分红公告前的整体买入量越高。企业规模是上年末企业总市值的对数，企业规模也显著为正，说明企业规模越大，机构投资者显著买入的程度越高。

第五节 稳健性检验

为了增强H6-4和H6-5回归结果的可靠性，本章将进行以下的稳健性检验：

一、被解释变量为机构投资者的累计净买入

模型（6-11）和模型（6-12）中的被解释变量是机构投资者在减持前5天的累计超额净买入，累计超额净买入是扣除了估计期［-60,11］机构投资者平均净买入的买入水平（为了避免分红公告日之前60个交易日到前11个交易日的日平均净买入不能代表预期净买入，因度量误差影响研究结果），接下来用不扣除估计期的累计净买入 Cnetbuy 作为被解释变量，即机构投资者在公告前5天不扣除估计期的累计净买入，对模型（6-11）和模型（6-12）进行回归，结果如表 6-14 所示：不管是否考虑控制变量，解释变量 Ratio、Intan 和 Var 的系数都显著为正，其中不考虑控制变量的时候，解释变量 Ratio 的系数是 0.014，在 1% 的水平上显著为正，解释变量 Intan 的系数是 0.057，在 1% 的水平上显著为正，解释变量 Var 的系数是 0.003，在 1% 的水平上显著为正。加入了控制变量，信息不对称为 Intan 时，解释变量 Ratio 的系数是 0.015，在 1% 的水平上显著为正，解释变量 Intan 的系数是 0.080，在 1% 的水平上显著为正；信息不对称为 Var 时，解释变量 Ratio 的系数是 0.012，在 1% 的水平上显著为正，解释变量 Var 的系数是 0.002，在 1% 的水平上显著为正。这说明分红公告前，对于分红比例越高的股票，机构投资者的整体买入量越高；信息不对称程度越高，机构投资者的整体买入量越高。进一步验证了 H6-3 和 H6-4。控制变量也和表 6-13 结果一致，换手率越高、公司规模越大、估值越高、ROE 越高，国企分红的条件下，机构投资者的整体买入量越高。

表 6-14　改变被解释变量的回归结果

变量	CNetbuy				
Ratio	0.014 ***			0.015 ***	0.012 ***
	(7.03)			(6.08)	(5.23)

续表

变量	CNetbuy				
Intan		0.057***		0.080***	
		(3.40)		(4.35)	
Var			0.003***		0.002***
			(8.34)		(4.13)
PE				0.001*	0.005**
				(1.80)	(2.18)
ROE				0.002**	0.001
				(2.25)	(1.50)
Turnover				0.004***	0.000
				(5.01)	(1.45)
State				0.005*	0.007***
				(1.89)	(2.95)
size				0.001	0.004***
				(0.92)	(3.27)
Constant	0.009***	0.010***	0.003*	−0.027	−0.111***
	(6.72)	(7.97)	(1.71)	(−0.77)	(−3.32)
Year & Ind	NO	NO	NO	YES	YES
Observations	11277	11277	11277	11277	11277
F	49.41	11.54	69.52	11.00	10.09
R^2	0.004	0.001	0.006	0.042	0.031

注：***、**、*分别表示在1%、5%和10%的水平上显著，括号内数值为 t 值。

二、现金股利和股票股利分组

之前的检验被解释变量 Ratio 是红利分配的比例，包括现金分红和股票分红，如果当年既有现金分红又有股票分红，用现金分红的数值。接下来在稳健性检验中，分别对现金分红和股票分红的样本进行检验，即分别检验现金分红比例和股票分红比例对公告前机构投资者买入行为的影响。表 6-15 是高现金股利组的回归结果（其中 Ratio 是现金分红的比例）：被解释变量为累计超额净买入，信息不对称程度为 Intan 时，解释变量 Ratio 的系数是 0.050，在 1% 的水平上显著为正，解释变量 Intan 的系数是 0.082，在 1% 的水平上显著为正；信息不对称程度为 Var 时，解释变量 Ratio 的系数是 0.042，在 1% 的水平上显著为正，解释变量 Var 的系数是 0.002，在 1% 的水平上显著为正。被解释变量为累计净买入，信息不对称程度为 Intan 时，解释变量 Ratio 的系数是 0.051，在 1% 的水平上显著为正，解释变量 Intan 的系数是 0.080，在 1% 的水平上显著为正；信息不对称程度为 Var 时，解释变量 Ratio 的系数是 0.041，在 1% 的水平上显著为正，解释变量 Var 的系数是 0.002，在 1% 的水平上显著为正。这说明分红公告前，对于现金分红比例越高的股票，机构投资者的整体买入量越高；信息不对称程度越高，机构投资者的整体买入量越高。

表 6-15 高现金股利组回归结果

变量	CEXNetbuy		CNetbuy	
Ratio	0.050***	0.042***	0.051***	0.041***
	(2.73)	(2.82)	(2.78)	(2.88)
Intan	0.082***		0.080***	
	(4.38)		(4.27)	
Var		0.002***		0.002***
		(3.92)		(3.89)
PE	0.002	0.002	0.002	0.002
	(0.41)	(0.70)	(0.36)	(0.68)
ROE	0.001***	0.001*	0.001***	0.001*
	(2.61)	(1.77)	(2.64)	(1.78)
Turnover	0.003***	0.003*	0.003***	0.000**
	(5.80)	(1.66)	(6.01)	(1.96)
State	0.002	0.006**	0.002	0.006**
	(0.93)	(2.48)	(0.98)	(2.52)
size	0.001	0.004***	0.002	0.005***
	(0.88)	(3.25)	(1.24)	(3.67)
Constant	-0.026	-0.115***	-0.032	-0.122***
	(-0.72)	(-3.34)	(-0.89)	(-3.56)

续表

变量	CEXNetbuy		CNetbuy	
Year & Ind	YES	YES	YES	YES
Observations	8569	8569	8569	8569
F	9. 91	9. 42	10. 12	9. 64
R^2	0. 038	0. 029	0. 039	0. 030

注：＊＊＊、＊＊、＊分别表示在1％、5％和10％的水平上显著，括号内数值为 t 值。

表6-16是高现金股利组的回归结果（其中 Ratio 是股票分红的比例）：被解释变量为累计超额净买入，信息不对称程度为 Intan 时，解释变量 Ratio 的系数是0. 019，在1％的水平上显著为正，解释变量 Intan 的系数是0. 078，在1％的水平上显著为正；信息不对称程度为 Var 时，解释变量 Ratio 的系数是0. 019，在1％的水平上显著为正，解释变量 Var 的系数是0. 031，在1％的水平上显著为正。被解释变量为累计净买入，信息不对称程度为 Intan 时，解释变量 Ratio 的系数是0. 020，在1％的水平上显著为正，解释变量 Intan 的系数是0. 078，在1％的水平上显著为正；信息不对称程度为 Var 时，解释变量 Ratio 的系数是0. 019，在1％的水平上显著为正，解释变量 Var 的系数是0. 031，在1％的水平上显著为正。说明股票分红公告前，对于股票分红比例越高的股票，机构投资者的整体买入量越高；信息不对称程度越高，机构投资者的整体买入量越大。

表6-16　高股票股利组回归结果

变量	CEXNetbuy		CNetbuy	
Ratio	0. 019 ***	0. 019 ***	0. 020 ***	0. 019 ***
	(5. 50)	(5. 32)	(5. 53)	(5. 35)
Intan	0. 078 ***		0. 078 ***	
	(2. 80)		(2. 98)	
Var		0. 031 **		0. 031 **
		(2. 37)		(2. 41)

续表

变量	CEXNetbuy		CNetbuy	
PE	0.002	0.002	0.002	0.002
	(1.13)	(1.00)	(1.15)	(1.01)
ROE	-0.005	-0.005	-0.005	-0.005
	(-0.35)	(-0.45)	(-0.33)	(-0.43)
Turnover	0.016	0.001**	0.014	0.001**
	(0.49)	(2.09)	(0.43)	(2.25)
State	0.005	0.006	0.005	0.006
	(1.34)	(1.47)	(1.34)	(1.47)
size	0.004**	0.004**	0.004**	0.005**
	(2.05)	(2.15)	(2.24)	(2.34)
Constant	-0.136**	-0.142**	-0.135**	-0.141**
	(-2.19)	(-2.28)	(-2.17)	(-2.27)
Year & Ind	YES	YES	YES	YES
Observations	3792	3792	3792	3792
F	5.96	6.12	6.07	6.24
R^2	0.053	0.054	0.054	0.055

注：***、**、*分别表示在1%、5%和10%的水平上显著，括号内数值为t值。

三、信息不对称程度高低分组

机构投资者获取内幕消息的理论依据是内部人和外部人之间的信息不对称，机构投资拥有资金优势和人才优势，可能会获取内幕消息。如果信息不对称程度越高，机构获取私有信息的边际收益越高，那么对于分红比例更高的股票的买入量更大。接下来按照信息不对称程度高低分组，检验在不同的信息不对称条件下，分红比例对机构投资者异常交易的影响。把信息不对称变量 Intan 按照高低程度排序，前30%是信息不对称程度高的组，后30%是信息不对称低的组，结果如表6-17和表6-18所示：

表 6-17　高信息不对称组回归结果

变量	CEXNetbuy		CNetbuy	
Ratio	0.012***	0.013***	0.012***	0.013***
	(2.75)	(2.99)	(2.73)	(2.96)
Intan	0.121***		0.119***	
	(5.61)		(5.52)	
Var		0.031**		0.032**
		(2.03)		(2.07)
PE	0.001	0.001	0.001	0.001
	(0.32)	(0.54)	(0.35)	(0.57)
ROE	0.004**	0.004**	0.004**	0.004**
	(2.01)	(2.20)	(2.05)	(2.24)
Turnover	0.000	0.002	0.002	0.002
	(0.94)	(0.28)	(1.02)	(0.35)
State	−0.000	0.002	−0.000	0.003
	(−0.09)	(0.58)	(−0.06)	(0.60)
size	0.001	0.001	0.001	0.002
	(0.40)	(0.54)	(0.65)	(0.79)
Constant	−0.059	−0.060	−0.064	−0.066
	(−1.08)	(−1.10)	(−1.19)	(−1.21)
Year & Ind	YES	YES	YES	YES
Observations	2654	2654	2654	2654
F	4.65	3.77	4.68	3.77
R^2	0.050	0.041	0.051	0.041

注：***、**、*分别表示在1%、5%和10%的水平上显著，括号内数值为t值。

表 6-18　低信息不对称组回归结果

变量	CEXNetbuy		CNetbuy	
Ratio	0.006	0.007	0.006	0.007
	(1.26)	(1.45)	(1.26)	(1.45)
Intan	−0.923**		−0.943**	
	(−2.25)		(−2.30)	
Var		0.002**		0.002**
		(2.35)		(2.37)

续表

变量	CEXNetbuy		CNetbuy	
PE	0.000 **	0.000 *	0.000 **	0.000 *
	(2.06)	(1.86)	(2.07)	(1.87)
ROE	-0.000	-0.000	-0.000	-0.000
	(-0.19)	(-0.09)	(-0.16)	(-0.06)
Turnover	0.000 ***	0.000 **	0.000 ***	0.000 ***
	(3.07)	(2.51)	(3.20)	(2.63)
State	0.018 ***	0.017 ***	0.018 ***	0.017 ***
	(3.56)	(3.39)	(3.59)	(3.42)
size	0.006 **	0.006 **	0.006 **	-0.170 ***
	(2.30)	(2.49)	(2.47)	(-2.67)
Constant	-0.143 **	-0.165 ***	-0.148 **	-0.066
	(-2.29)	(-2.60)	(-2.36)	(-1.21)
Year & Ind	YES	YES	YES	YES
Observations	2586	2586	2586	2586
F	5.0	5.02	5.08	5.09
R^2	0.061	0.061	0.062	0.062

注：***、**、*分别表示在1%、5%和10%的水平上显著，括号内数值为t值。

对于高信息不对称组，被解释变量为累计超额净买入，信息不对称为 Intan 时，解释变量 Ratio 的系数是 0.012，在 1%的水平上显著为正，解释变量 Intan 的系数是 0.121，在 1%的水平上显著为正；信息不对称程度为 Var 时，解释变量 Ratio 的系数是 0.013，在 1%的水平上显著为正，解释变量 Var 的系数是 0.031，在 5%的水平上显著为正。被解释变量为累计净买入，信息不对称程度为 Intan 时，解释变量 Ratio 的系数是 0.012，在 1%的水平上显著为正，解释变量 Intan 的系数是 0.119，在 1%的水平上显著为正；信息不对称程度为 Var 时，解释变量 Ratio 的系数是 0.013，在 1%的水平上显著为正，解释变量 Var 的系数是 0.032，在 5%的水平上显著为正。这说明信息不对称程度较高的时候，对于股票分红比例越高的股票，机构投资者在公告前的整体买入量越高，这与 H6-3、H6-4 结果一致。

对于低信息不对称组，被解释变量为累计超额净买入，信息不对称为 Intan 时，解释变量 Ratio 的系数是 0.006，结果不显著，解释变量 Intan 的系数是 −0.923，在 5% 的水平上显著为负；信息不对称程度为 Var 时，解释变量 Ratio 的系数是 0.007，结果不显著，解释变量 Var 的系数是 0.002，在 5% 的水平上显著为正。被解释变量为累计净买入，信息不对称为 Intan 时，解释变量 Ratio 的系数是 0.006，结果不显著，解释变量 Intan 的系数是 −0.943，在 5% 的水平上显著为负；信息不对称程度为 Var 时，解释变量 Ratio 的系数是 0.007，结果不显著，解释变量 Var 的系数是 0.002，在 5% 的水平上显著为正。这说明信息不对称程度较低的时候，对于股票分红比例越高的股票，机构投资者在公告前没有显著买入，这与信息不对称程度高的组结果不同。说明信息不对称程度越高，机构对于分红比例越高的股票更可能提前买入，可能是提前获取了内幕消息。

第六节　本章小结

本章的主要研究结果及其含义包括以下内容：

首先，研究分红公告前可能存在信息泄露的问题。本章对 2012—2020 年 A 股分红公告前后机构投资者和个人投资者的异常交易进行研究，对比分析了高红利和低红利组公告前机构投资者的异常交易，结果发现机构投资者的异常交易与分红股票的未预期盈余基本一致；机构投资者对于高红利分配的股票提前买入的更多，说明对于传递利好消息更强烈的股票，机构投资者更可能提前获取内幕信息，我国 A 股市场分红公告前存在信息泄露的问题，机构调研可能是机构投资者获取内幕信息的渠道。

其次，研究了分红公告信息泄露的经济后果，通过构建财富效应模型分别计算了机构投资者和个人投资者的收益，发现分红的信息泄露可能导致财富从个人投资者向机构投资者系统性转移。

　　最后，对分红信息泄露的影响因素进行分析，即研究了分红公告前分红比例和信息不对称程度对机构投资者异常交易的影响，发现分红比例与机构投资者的累计超额净买入显著正相关，信息不对称程度与机构投资者的累计超额净买入显著正相关。

第七章　结论和建议

第一节　研究结论

基于中国股票市场炒作和信息泄露问题以及机构投资者参与的内幕交易并呈上升趋势的现实背景，本书立足于外部人的角度，从机构投资者可能获取内幕信息的角度入手，利用机构投资者（超额）净买入的数据来研究机构投资者的异常交易，通过事件研究法，系统探讨了重大事件前我国股票市场可能出现的信息泄露问题，并进一步从三个不同的事件深入研究机构投资者的异常交易。本书的主要研究结论如下：

第一，在"大股东减持前的信息泄露和机构投资者异常交易"一章发现：①减持公告前后，机构投资者的净卖出和累计超额净卖出显著为正，说明机构投资者在减持公告前后卖出且卖出量远高于正常水平。减持公告前后，个人投资者的净买入和累计超额净买入显著为正，说明减持前后个人投资者在净买入，并且买入量显著高于正常水平。②机构投资者的净卖出与被减持股票的超额回报率显著负相关，表示机构投资者买入即涨、卖出即跌，而个人投资者的净买入与超额回报率显著负相关，意味着个人投资者买入则跌、卖出即涨。对全样本、非解禁股子样本进行检验，发现机构投资者在大股东减持前后能获取显著为正的收益，而个人投资者在减持前后的收益显著为负。③相对于调研次数较低的样本组，机构投资者在调研次数较高的组中净买入和超额净买入显著为负，且显著程度高于调研次数较低的组。④回归分析发现，减持公告前机构投资者的累计净买入和累计超额净买入与减持股票的估值负相关，估值水平越高，机构投资者的净卖出越多。这说明减持后业绩和成长性越弱，减持前机构投资者的净卖出越多，机构投资者可能提前获取了内幕消息。减持公告前机构投资者的累计净买入和累计超额净买入与减持规模显著负相关。这说明对于减持这样的利空消息，机构投资者可能提前获取了私有信息，所以在减持前选择更多地卖出。

以上结果表明，大股东与机构投资者可能享有同一个信息集，而信息在机构投资者和个人投资者之间的分布是不对称的，机构投资者可能在大股东减持前获取了内幕信息，而个人投资者的交易结果表明其处于信息劣势地位。信息分布的不对称性将导致财富从信息劣势方系统地转移至信息优势方，机构调研可能是机构投资者获取内幕信息的渠道。

第二，在"业绩预告前的信息泄露和机构投资者异常交易"一章，根据好消息是扭亏、略增、预增、续盈四种情况，坏消息是续亏、略减、预减、续亏四种情况，把业绩预告分成好消息和坏消息两组，对业绩预告前后机构投资者和个人投资者的净买入和股票超额回报进行研究，结果发现：①对于坏消息，机构投资者提前卖出的更多，对于好消息，机构投资者提前买入的更多，机构投资者能精准地择时交易、择股交易，说明机构投资者提前获取了股票利空或者利好的内幕消息。相对于调研次数较低的样本组，业绩预告前机构投资者到公司调研次数较高的组中，机构投资者的异常交易量显著高于个人投资者。以上结果表明业绩预告前机构投资者的异常交易可能是获取了内幕信息，业绩预告前可能存在信息泄露的问题。②通过构建财富效应模型计算业绩预告前后机构投资者和个人投资者的收益，对业绩预告前信息泄露的经济后果进行研究，发现业绩预告的信息泄露导致财富从个人投资者向机构投资者系统性转移。③研究业绩预告前分析师跟踪与机构投资者异常交易的关系，发现业绩预告是好消息的时候，分析师跟踪与机构投资者的累计超额净买入显著正相关，业绩预告是坏消息的时候，分析师跟踪与机构投资者的累计超额净买入显著负相关。这说明业绩预告前信息泄露可能是分析师将内幕信息传递给机构投资者。

第三，在"红利分配前的信息泄露和机构投资者异常交易"一章，将全样本分成高红利和低红利组，分析分红公告前后机构投资者和个人投资者异常交易与股票超额回报之间的关系，结果发现：①对于高红利分配的股票，机构投资者提前买入的更多，说明机构投资者更可能提前获取了分红的利好消息。对于机构投资者到上市公司调研次数较高的组，机构投资者的超额净买入显著高于调研次数较低的样本组，同时显著高于个人投资者。以上结果表明机构投资者的异常交易可能是获取了内幕信息，业绩预告前存在信息泄露的问题。②构建财富效应模型计算机构投资者和个人投资者的收益，研究分红公告前信息泄露的经济后果，结果发现公司分红信息的泄露可能导致财富从个人投资者向机构投资者系统性转移。③研究分红公告前分红比例、信息不对称程度等因素对机构投资者异常交易的影响，结果发现分红比例及信息不对称程度分别与机构投资者的累计超额净买入显著正相关，说明公司分红前信息泄露的影响因素有分红比例或者信息不对称。

第二节　政策建议

中国股票市场的信息泄露问题因为寻找证据困难，监管部门的工作还需要花很长的时间去完善，这是个庞大的工作。我国监管部门近些年一直加强对利用内幕消息进行的交易的监管，但是从"易方达""大摩华鑫""蝶彩资产"的案例可以看出，监管部门的工作仍有提升的空间。因此，本书提出以下建议：

第一，优化减持、业绩预告、分红的信息披露制度，提高信息披露效率。企业的信息在有效的资本市场中是极为重要的，当资本市场弱势有效时，市场中股票价格包含了企业所有的公开信息。如果市场出现了信息泄露，外部人通过利益往来，或者其他途径获取了尚未公开的内幕信息并且提前交易，就会影响市场的定价功能，引起价格波动或者调整，最终导致企业真正的价值不能反映出来。因此，对于企业来说，为了避免内幕消息的泄露导致自身价值受到影响，应该优化信息披露制度，在内幕消息未公开之前严格保密；提高信息披露效率，使信息公开后迅速让公众知晓。这样可以有效控制内幕消息的泄露。我国目前对企业的信息披露监管制度属于静态的监管，即对上市公司首次公开披露的信息审核确认，却缺少对首次披露信息之前的事前跟踪和监控，如事前可能出现欺诈或者误导的信息披露。此外，上市公司股权分置改革之后进入全流通时代，作为外部人的机构投资者在证券市场的行动更加活跃，重大事件发生前有许多可以利用的机会。比如，业绩预告前，对于业绩变化较大、严重亏损的股票，分析师如果跟踪分析的时间较长，就会第一手获取内幕消息。我国业内就一直存在分析师把消息透露给机构投资者的情况，这就增加了信息泄露的概率。因此，加强内部信息的监控，提高信息各个审批环节的效率，控制知晓内部消息的外部人员可以有效降低内部信息的泄露。

第二，提高内幕交易的稽查监控技术水平，实现证券市场真正实名制。加强对证券交易的监管，严格审查证券交易的实名制。我国证券市场开户和交易虽然要求实名制，但因为居民身份证管理的问题，证券市场的实名制没有彻底实现，虚假账户仍然存在。因此，控制证券市场的虚假账户，实现真正的实名制能有效控制利用证券市场的信息泄露和利用内幕消息交易行为。另外，需要提高内幕交易的稽查监控技术水平，我国目前对内幕消息的泄露和内幕交易的侦查水平与发达国家相比还有一定差距，稽查监控的技术和系统还不够先进，不能实现对内幕交易的实时监控，并且我国目前对内幕交易和其他违法交易是同时监管和合并处理。所以，我国有必要加强对内幕交易稽查监控技术的开发，实现对内幕交易的实时监控，有效控制内幕消息的事前扩散。

第三，切实改善外部法治环境，保护中小投资者的利益。针对目前形式和种类多变的利用内幕消息交易的各种新型手段，以及利用内幕消息炒作造成内幕消息泄露问题严重的现实，监管部门陆续颁布了一系列法规和制度，但仍然不能从根本上抑制股票市场出现的信息泄露和利用内幕消息交易的行为，造成散户等中小投资者的利益受到损害。为了切实保护中小投资者的利益、有效控制证券市场的信息泄露问题，需要切实改善外部法治环境。一是可以推出专项立法，如专门针对传播内幕消息、利用私人关系或者利益往来获取内幕消息的法律，加强对内幕消息传播、扩散、获取的认定、识别和处罚，从而从根本上起到震慑和约束作用。二是加强执法力度，如加强对重大消息公告前的事前监控、调查取证和处罚力度，监管机构应更加关注上市公司在大股东减持、业绩预告、分红送转等重大事件上的公司行为是否规范，防止内部人和机构投资者合谋利用内幕消息对市场操纵的行为。

另外，加强对内幕消息泄露和利用内幕消息交易的监管，仅仅依靠证监会的力量是不够的，还需要国资委、公安部等多家行政监管机关共同配合，建立综合的防范监管体系，完善相关制度。比如，完善内幕消息知情人的登记制度，通过提醒的方式约束知情人的行为；建立完备的信息披露制度和内幕消息管理制度，从制度上约束信息泄露的行为，防止内幕消息的扩散，确保知情人履行自身的职责和义务。各部委只有联合起来，共同监管和打击内幕消息泄露的行为，建立长效机制，内幕消息的泄露才能从根本上得到遏制，中小投资者的合法权益才能得到保障，资本市场才能健康有序地发展。

第四，加强对内部知情人的监管，控制信息泄露的源头。完善公司治理水平、提高信息披露制度的有效性能控制内幕消息泄露的源头，保证有序的证券市场环境，因此，应该从内部人角度入手。公司的重大事件一般要召开董事会或者股东大会，重大信息发布之前最先得到内幕消息的是内部人，而在上市公司的分红或者薪酬不能满足内部人要求的时候，内部人面对巨大的利益，可能和外部的机构投资者联合交易。因此，公司可以提高分红或者薪酬，降低内部人泄露内幕消息的利益驱动因素。另外，需要强化上市公司和内部人的保密责任，加大泄露内部消息的处罚力度，从制度上约束内部人的行为，提高其传播内幕消息的成本，从源头上控制内幕消息的泄露。

第五，加强对外部人的监控。内幕交易的主要参与人除了内部人，还有机构投资者，所以监管部门除了加强对内部人的监管，还应该从外部加强动态监控，促使证券公司、基金公司等机构投资者建立起有效的内控机制，让机构投资者之间通过自我约束和控制建立起防火墙，有效控制内幕消息的扩散。如果机构投资者利用内幕消息交易，这个内控机制能及时发现，并从源头上控制，可以有效降低机构投资者获取内幕消息的概率。

监管部门可以构建一个识别内幕交易的模型，我国目前对内幕交易的模型研究还仅限于学术层面，没有运用到实践当中。如果上市出现了利用重大内幕消息交易的行为，识别内幕交易的模型能帮助侦破，这就能帮助监管部门提高工作的效率。因此，建立科学有效的内幕交易识别模型，对于未来及时、准确地发现内幕交易，尤其是外部机构投资者利用内幕消息交易的行为有重要的意义，是理论真正联系实际的桥梁。

第三节　研究不足与展望

内幕消息的泄露和利用内幕消息交易的行为属于事前行为，需要寻找更多的证据，获取可靠数据，因此这个研究是复杂的系统工程，需要综合各个学科，如法学、金融学等各方面的知识，才能保证寻找的证据更充分。但随着各种隐蔽地获取内幕消息、利用内幕消息交易的情况愈加严重，获取证据将更加困难。本书也存在寻找证据还不够充分的问题，因此，未来需要综合各学科去多方位考察寻找内幕消息泄露的证据。可以手工收集证监会公开披露的机构投资者或者其他外部人参与的利用内幕消息交易的案例，以此作为研究样本寻找信息泄露更直接的证据。本书是从三个事件入手研究内幕消息的泄露和机构投资者交易行为，而证券市场存在信息泄露的重大事件有很多，未来需要一一去研究，为监管者监管提供更多数据支持。

本书发现机构投资者利用自身优势获取内幕消息、损害散户的利益，那么如何防范外部的机构投资者利用资金优势和人力优势获取内幕消息？如何加强公司治理，从源头控制内幕消息的扩散？实施股权激励、提高高管薪酬是否能抑制内部人把消息泄露出去？不同类型的机构投资者中哪一类更容易获取内幕消息？以往的研究因为数据限制，不能把机构投资者分类，分别研究每一类机构投资者知情交易的行为。那么以后的研究可以对不同类别的机构投资者展开研究，使监管者更有侧重点地加强外部监管。另外，机构投资者获取内幕消息的渠道是多元化的，有哪些渠道可以获取内幕消息，需要更全面地去研究，从而帮助监管部门有针对性地工作。

参考文献

[1] Aboody D, Kasznik R. CEO stock option awards and the timing of corporate voluntary disclosures [J] . Journal of Accounting and Economics, 2000, 29 (5): 73-100.

[2] Alan N. Possession verses use: Is there a causation element in the prohibition insider trading? [J] . The Business Lawyer, 2011 (8): 62-78.

[3] Ali A, Durtschi C, Lev B, et al. Changes in institutional ownership and subsequent earnings announcement abnormal returns [J] . Journal of Accounting, Auditing & Finance, 2004, 19 (3): 221-248.

[4] Ali A, Klasa S, Li O Z. Institutional stakeholdings and better-informed traders at earnings announcements [J] . Journal of Accounting & Economics, 2008, 46 (1): 47-61.

[5] Allen F, Bernardo A E, Welch I. A theory of dividends based on tax clienteles [J] . Journal of Finance, 2000, 55 (12): 2499-2536.

[6] Anchor Y L , Lin Y N. Herding of institutional investors and margin traders on extreme market movements [J] . International Review of Economics & Finance, 2014, 33 (9): 186-198.

［7］ Ayers B C, Li O Z , Robinson J R. Tax Induced Trading around the Taxpayer Relief Act of 1997 ［J］. Journal of the American Taxation Association, 2008, 30 (1): 77-100.

［8］ Bachelier L. Theory of speculation ［M］. Boston: MIT Press, 1964: 17-78.

［9］ Bainbridge S M. An overview of US insider trading law: Lessons for the EU? ［J］. SSRN Electronic Journal, 2005 (1): 15-26.

［10］ Baker M, Wurgler J. Dividends as reference points: Abehavioral signaling approach ［J］. Review of Financial Studies, 2016 (3): 697-738.

［11］ Ball R, Brown P. An empirical evaluation of accounting income numbers ［J］. Journal of Accounting Research, 1968, 6 (2): 159-178.

［12］ Barclay M J, Holderness C G. Private benefits from control of public corporations ［J］. Journal of Financial Economics, 1988, 25 (2): 371-395.

［13］ Bartov E, Radhakrishnan S, Krinsky I. Investor sophistication and patterns in stock returns after earnings announcements ［J］. The Accounting Review, 2000, 75 (1): 43-63.

［14］ Beniluz Y. Management earnings forecasts and simultaneous release of earnings news ［J］. Social Science Electronic Publishing, 2006.

［15］ Beny L N. Insider trading laws and stock markets around the world: An empirical contribution to the theoretical law and economics debate ［J］. Journal of Corporation Law, 2007, 32 (2): 237-300.

［16］ Bernardo A. Contractual restrictions on insider trading: A welfare analysis ［J］. Economic Theory, 2001, 18 (1): 7-35.

［17］ Bettis J C, Lemmon M L, Coles J L. Corporate policies restricting trading by insiders ［J］. Journal of Financial Economics, 2000, 57 (2): 191-220.

[18] Bhattacharya S. Imperfect information, dividend policy, and "the bird in the hand" fallacy [J]. Bell Journal of Economics, 1979, 10 (1): 259-270.

[19] Bhattacharya U, Daouk H. The world price of insider trading [J]. Journal of Finance, 2002, 57 (2): 75-108.

[20] Black F, Scholes M. The effects of dividend yield and dividend policy on common stock prices and returns [J]. Journal of Financial Economics, 1974, 1 (1): 1-22.

[21] Bodnaruk A, Massa M, Simonov A. Investment banks as insiders and the market for corporate control [J]. Review of Financial Studies, 2009, 22 (4): 4989-5026.

[22] Boubacar H, Morris T. Insider Trading in Large Canadian Banks [J]. International Journal of Economics and Finance, 2011, 6 (3): 25-56.

[23] Brav A, Heaton J B. The economic effects of prudent man laws: Empirical evidence from stock ownership dynamics [D]. Durham: Duke University, 1998.

[24] Brochet F, Miller G S, Srinivasan S. Do analysts follow managers who switch companies? An analysis of relationships in the capital markets [J]. The Accounting Review, 2013, 89 (2): 451-482.

[25] Bushee B J, Goodman T H. Which institutional investors trade based on private information about earnings and returns [J]. Journal of Accounting Research, 2007, 45 (2): 289-321.

[26] Bushee B J, Noe C F. Corporate disclosure practices, institutional investors, and stock return volatility [J]. Journal of Accounting Research, 2000, 38 (1): 171-202.

[27] Bushee B J. Identifying and attracting the "right" investors: Evidence on the behavior of institutional investors [J]. Journal of Applied Corporate Finance, 2004,

16（4）：28-35.

［28］ Bushee B J. The influence of institutional investors on myopic R&D investment behavior ［J］. The Accounting Review, 1998, 73（3）：305-333.

［29］ CarltonD W, Fischel D R. The regulation of insider trading ［J］. Stanford Law Review, 2007, 35（5）：201-211.

［30］ Chemmanur T J, Hu G, Huang J. The role of institutional investors in initial public offerings ［J］. Review of Financial Studies, 2010, 23（12）：4496-4540.

［31］ Chemmanur T J, He S, Hu G. The role of institutional investors in seasoned equity offerings ［J］. Journal of Financial Economics, 2009, 94（12）：384-411.

［32］ Cheng Q, Kin L. Insider trading and voluntary disclosures ［J］. Journal of Accounting Research, 2006, 44（5）：815-848.

［33］ Chowdhry B, Nanda V. Multimarket rrading and market liquidity ［J］. Review of Financial Studies, 1991, 4（3）：483-511.

［34］ Christophe S, Ferri M, Hsieh J. Informed trading before analyst downgrades: Evidence from shortsellers ［J］. Journal of Financial Economics, 2010, 95（1）：85-106.

［35］ Cohen L, Malloy C, Pomorski L. Decoding inside information ［J］. Journal of Finance, 2012, 67（3）：1009-1043.

［36］ Cornell B, Sirri E. The reaction of investors and stock prices to insider trading ［J］. Journal of Finance, 1992, 47（3）：1031-1059.

［37］ Crane A D, Michenaud S, Weston J P. The effect of institutional ownership on payout policy: A regression discontinuity design approach ［J］. SSRN Electronic Journal, 2012（12）：1-45.

［38］ Dai L, Fu R, Kang J K, et al. Corporate governance and insider trading

［J］. SSRN Electronic Journal, 2012, 32 (5): 16-31.

［39］ Damodaran A, Liu C. Insider trading as a signal of private information ［J］. Review of Financial Studies, 1993, 6 (1): 79-119.

［40］ Datta S, Iskandar D M, Patel A. Do bank relationships matter inpublic debt offerings? ［J］. Journal of Applied Corporate Finance, 2000, 12 (4): 120-127.

［41］ De Angelo H, Angelo L D. Capital structure, payout policy, and financial flexibility ［J］. University of Southern California Working Paper, 2007, 2: 2-6.

［42］ Desai H, Krishnamurthy S, Venkataraman K. Do short sellers target firms with poor earnings quality? Evidence from earnings restatements ［J］. Review of Accounting Studies, 2006, 11 (1): 71-90.

［43］ Dhaliwal D, Li O Z. Investor tax heterogeneity and ex-dividend day trading volume ［J］. Journal of Finance, 2006, 61 (1): 463-490.

［44］ Dhaliwal D S, Erickson M, Trezevant R. A test of the theory of tax clienteles for dividend policies ［J］. National Tax Journal, 1999, 52 (2): 179-194.

［45］ Durnev A, Morck R, Yeung B, Zarowin P. Does greater firm-specific return variation mean more or less informed stock pricing ［J］. Journal of Accounting Research, 2003, 41 (5): 797-836.

［46］ Easley D, Kiefer N M, O'Hara M, Paperman J B. Liquidity, information, and infrequently traded stocks ［J］. Journal of Finance, 1996, 51 (4): 110-195.

［47］ Easterbrook F H, Fischel D R. Voting in corporate law ［J］. Journal of Law and Economics, 1983, 26 (2): 395-427.

［48］ Fama E F. Efficient capital markets: A review of theory and empirical work ［J］. Journal of Finance, 1970, 25 (2): 383-417.

［49］ Fama E F, Fisher L, Jensen M C, et al. The adjustment of stock prices to new information [J]. International Economic Review, 1969, 10 (1): 1-21.

[50] Fishman M J, Hagerty K M. Disclosure decisions by firms and the competition for price efficiency [J]. Journal of Finance, 1989, 44 (3): 633-646.

[51] Franco D G, Lu H, Vasvari F P. Wealth transfer effects of analysts' misleading behavior [J]. Journal of Accounting Research, 2007, 45 (1): 71-110.

[52] Frazzini A, Lamont O. The earnings announcement premium and trading volume [D]. Chicago: University of Chicago, 2006.

[53] French K R, Roll R. Stock return variances: The arrival of information and the reaction of traders [J]. Journal of Financial Economics, 1986, 17 (1): 5-26.

[54] Friederich S, Gregory A, Matatko J, et al. Short-run returns around the trades of corporate insiders on the London Stock Exchange [J]. European Financial Management, 2002, 8 (1): 7-30.

[55] GeorgeA. The market for "lemons": Quality uncertainty and the market mechanism [J]. Quarterly Journal of Economics, 1970, 84 (3): 488-500.

[56] Grossman S J, Stiglitz J E. On the impossibility of informationally efficient markets [J]. The American Economic Review, 1980, 70 (3): 393-408.

[57] Hamadou B, Tania M. Insider trading in large canadian banks [J]. International Journal of Economics and Finance, 2011, 3 (6): 25-79.

[58] Hotchkiss E S, Strickland D. Does shareholder composition matter? Evidence from the market reaction to corporate earnings announcements [J]. Journal of Finance, 2003, 58 (4): 1469-1498.

[59] Hribar P, Jenkins N T, Wang J. Institutional investors and accounting restatements [J]. Journal of Finance and Accounting, 2009, 1 (2): 75-105.

[60] Hu J, Noe T H. Insider trading and managerial incentives [J]. Journal of Banking & Finance, 2001, 25 (4): 681-716.

［61］Huang W, Lu H, Wang X. Option backdating announcements and information advantage of institutional investors ［J］. Journal of Accounting, Auditing & Finance, 2020, 35 (4): 696-722.

［62］Irvine P, Lipson M, Puckett A. Tipping ［J］. The Review of Financial Studies, 2007, 20 (3): 741-768.

［63］Ivashina V, Sun Z. Institutional stock trading on loan market information ［J］. Journal of Financial Economics, 2011, 100 (2): 284-303.

［64］Jagolinzer A D. SEC Rule 10b5-1 and insiders' strategic trade ［J］. Management Science, 2009, 55 (2): 224-239.

［65］Jaffe J. The effect of regulation changes on insider trading ［J］. Bell Journal of Economics and Management Science, 1974, 5 (1): 93-121.

［66］Jegadeesh N, Y Tang. Institutional trading around takeover announcements: skills vs. inside information ［R］. Atlanta: Emory University, 2010.

［67］Jensen M C. Some anomalous evidence regarding market efficiency ［J］. Journal of Financial Economics, 1978, 6 (2-3): 95-101.

［68］Jiang X, Xu N, Yuan Q. Mutual-Fund-Affiliated analysts and stock price synchronicity: Evidence from china ［R］. Bei Jing: Central University of Finance and Economics, 2016.

［69］John K, Williams J. Dividends, dilution, and taxes: A signalling equilibrium ［J］. Journal of Finance, 1985, 40 (4): 1053-1070.

［70］John K, Lang L H P. Insider trading around dividend announcements: Theory and evidence ［J］. Journal of Finance, 1991, 46 (4): 1361-1389.

［71］Joseph E. Insiders and Market Efficiency ［J］. Journal of Finance, 1976, 31 (4): 1141-1148.

［72］Ke B, Petroni K. How informed are actively trading institutional investors?

Evidence from their trading behavior before a break in a string of consecutive earnings increases [J]. Journal of Accounting Research, 2004, 42 (5): 895-927.

[73] Ke B, Huddart S, Petroni K. What insiders know about future earnings and how they use it: Evidence from insider trades [J]. Journal of Accounting and Economics, 2003, 35 (3): 315-346.

[74] Keown A J, Pinkerton J M. Merger announcements and insider trading activity: An empirical investigation [J]. Journal of Finance, 1981, 36 (4): 855-869.

[75] Khan M, Lu H. Do short sellers front-run insider sales? [J]. The Accounting Review, 2013, 88 (5): 1743-1768.

[76] Khanna N, Slezak S L, Bradley M. Insider trading, outside search, and resource allocation: Why firms and society may disagree on insider trading restrictions [J]. Review of Financial Studies, 1994, 7 (3): 575-608.

[77] Knight F. Risk, uncertainty and profit [J]. Social Science Electronic Publishing, 1921 (4): 682-690.

[78] Leland H E. Insider trading: Should it be prohibited? [J]. Journal of Political Economy, 1992, (100) 4: 859-887.

[79] Lambrecht B M, Myers S C. A lintner model of payout and managerial rents [J]. Journal of Finance, 2012, 67 (5): 1761-1810.

[80] Larkin Y, Leary M T, Michaely R. Do investors value dividend-smoothing stocks differently? [J]. Management Science, 2017, 63 (12): 4114-4136.

[81] Leland H E. Insider trading: Should it be prohibited? [J]. Journal of Political Economy, 1992, 100 (4): 859-887.

[82] Levy H. Economic evaluation of voting power of common stock [J]. Journal of Finance, 1983, 38 (1): 79-93.

［83］ Massa M, Rehman Z. Information flows within financial conglomerates: Evidence from the banks–mutual funds relation ［J］. Journal of Financial Economics, 2008, 89 (2): 288-306.

［84］ Maug E G. Insider trading legislation and corporate governance ［J］. European Economic Review, 2002, 46 (9): 1569-1597.

［85］ Meulbroek L K. An empirical analysis of illegal insider trading ［J］. Journal of Finance, 1992, 47 (5): 1661-1699.

［86］ Miguel A, Pindado J. Determinants of capital structure: New evidence from spanish panel data ［J］. Journal of Corporate Finance, 2001, 7 (1): 77-99.

［87］ Miller M H, Modigliani F. Dividend policy, growth, and the valuation of shares ［J］. The Journal of Business, 1961, 34 (4): 411-433.

［88］ Miller M H, Rock K. Dividend policy under asymmetric information ［J］. Journal of Finance, 1985, 40 (4): 1031-1051.

［89］ Minenna M. Insider trading, abnormal return and preferential information: Supervising through a probabilistic model ［J］. Journal of Banking & Finance, 2003, 27 (1): 59-86.

［90］ Morck R, Yeung B, Yu W. The information content of stock markets: Why do emerging markets have synchronous stock price movements? ［J］. Journal of Financial Economics, 2000, 58 (1-2): 215-260.

［91］ Nyholm K. Estimating the probability of informed trading ［J］. Journal of Financial Research, 2010, 25 (4): 485-505.

［92］ Ofer A R, Siegel D R. Corporate financial policy, information, and market expectations: An empirical investigation of dividends ［J］. The Journal of Finance, 1987, 42 (4): 889-911.

［93］ Penman S H. An empirical investment of the voluntary disclosure of corporate earnings forecasts of earnings [J]. Journal of Accounting Research, 1980, 18 (1): 132-160.

[94] Penman S H. Insider trading and the dissemination of firms' forecast information [J]. Journal of Business, 1982, 55 (4): 479-503.

[95] Piotroski J D, Roulstone D T. The influence of analysts, institutional investors, and insiders on the incorporation of market, industry, and firm-specific information into stock prices [J]. The Accounting Review, 2004, 79 (4): 1119-1151.

[96] Piotroski J D, Roulstone D T. Do insider trades reflect both contrarian beliefs and superior knowledge about future cash flow realizations? [J]. Journal of Accounting and Economics, 2005, 39 (1): 55-81.

[97] Puckett A, Yan X. The interim trading skills of institutional investors [J]. The Journal of Finance, 2011, 66 (2): 601-633.

[98] Indjejikian R, Lu H, Yang L. Rational information leakage [J]. Management Science, 2014, 60 (11): 2762-2775.

[99] Roberts H V. Stock-market "patterns" and financial analysis: Methodological suggestions [J]. The Journal of Finance, 1959, 14 (1): 1-10.

[100] Robin H, Ryan O, David P. Information aggregation and manipulation in an experimental market [J]. Journal of Economic Behavior and Organization, 2004, 60 (4): 449-459.

[101] Kaniel R, Arzu O, Laura S. The high volume return premium: Cross-country evidence [J]. Journal of Financial Economics, 2012, 103 (2): 255-279.

[102] Roulstone D T. The relation between insider-trading restrictions and executive compensation [J]. Journal of Accounting Research, 2003, 41 (3): 525-551.

[103] Schipani C A, Seyhun H N. Defining'material, nonpublic': What should illegal insider information? [J]. Fordham Journal of Corporate & Financial Law, 2016,

21 (4): 327-378.

[104] Seyhun H N. Insiders' profits, costs of trading, and market efficiency [J]. Journal of Financial Economics, 1986, 16 (2): 189-212.

[105] Seyhun H N. Investment intelligence from insider trading [M]. Cambridge: MIT Press, 1998.

[106] Solomon D H, Soltes E F. What are we meeting for? The consequences of private meetings with investors [J]. Journal of Law and Economics, 2015 (5): 2487-2514.

[107] Christophe S E, Ferri M G, Hsieh J. Informed trading before analyst downgrades: Evidence from short sellers [J]. Journal of Financial Economics, 2010, 95 (1): 85-106.

[108] Steven Lustgarten, Vivek Mande. Financial analysts' earnings forecasts and insider trading [J]. Journal of Accounting and Public Policy, 1995, 14 (3): 233-261.

[109] Sugato C, John J, McConnell. An analysis of prices, bid/ask spreads, and ask depths surrounding ivan boesky's illegal trading in carnation's stock [J]. Financial Management, 1997, 26 (2): 18-34.

[110] Utama S, Cready W M. Institutional ownership, differential predisclosure precision and trading volume at announcement dates [J]. Journal of Accounting and Economics, 1997, 24 (2): 129-150.

[111] Veenman D. Disclosures of insider purchases and the valuation implications of past earnings signals [J]. The Accounting Review, 2012, 87 (1): 313-342.

[112] Venter J H, De Jongh D C J. Extending the EKOP model to estimate the probability of informed trading [J]. Studies in Economics and Econometrics, 2006,

30 (2)：25-39.

[113] Vlastakis N, Markellos R N. Information demand and stock market volatility [J]. Journal of Banking & Finance, 2012, 36 (6)：1808-1821.

[114] Wang M, Qiu C, Kong D. Corporate social responsibility, investor behaviors, and stock market returns：Evidence from a natural experiment in China [J]. Journal of Business Ethics, 2011, 101 (1)：127-141.

[115] Waymire G. Additional evidence on the information content of management earnings forecasts [J]. Journal of Accounting Research, 1984, 22 (2)：703-718.

[116] Wermers R. Mutual fund performance：An empirical decomposition into stock - picking talent, style, transactions costs, and expenses [J]. The Journal of Finance, 2000, 55 (4)：1655-1695.

[117] Xu N, Chan K C, Jiang X, et al. Do star analysts know more firm-specific information? Evidence from China [J]. Journal of Banking & Finance, 2013, 37 (1)：89-102.

[118] 蔡宁. 信息优势、择时行为与大股东内幕交易 [J]. 金融研究, 2012 (5)：179-192.

[119] 蔡庆丰, 杨侃. 信息提前透露、知情交易与中小投资者保护——对证券研究业"潜规则"的实证检验与治理探讨 [J]. 财贸经济, 2012 (5)：51-58.

[120] 戴德明, 毛新述, 姚淑瑜. 上市公司预测盈余信息披露的有用性研究——来自深圳、上海股市的实证证据 [J]. 中国会计评论, 2005 (2)：253-272.

[121] 冯旭南. 中国投资者具有信息获取能力吗?——来自"业绩预告"效应的证据 [J]. 经济学（季刊）, 2014, 13 (3)：1065-1090.

[122] 傅勇, 谭松涛. 股权分置改革中的机构合谋与内幕交易 [J]. 金融

研究，2008（3）：88-102.

[123] 郭万明，黎秀川. A股市场机构投资者违规交易行为防范机制构建 [J]. 哈尔滨商业大学学报（社会科学版），2013（6）：48-53.

[124] 何佳，何基报. 中国股市重大事件信息披露与股价异动 [R]. 深圳证券交易所综合研究所深证综研字第0044号，2001.

[125] 何涛，陈晓. 现金股利能否提高企业的市场价值——1997-1999年上市公司会计年度报告期间的实证分析 [J]. 金融研究，2002（8）：26-38.

[126] 侯宇，叶冬艳. 机构投资者、知情人交易和市场效率——来自中国资本市场的实证证据 [J]. 金融研究，2008（4）：131-145.

[127] 胡光志. 论证券内幕信息的构成要素 [J]. 云南大学学报（法学版），2002（4）：41-50.

[128] 黄明，张冬峰. 合理破解上市公司分红难题 [R]. 证监会研究中心报告，2012.

[129] 黄余海. 中国证券市场内幕交易实证研究 [D]. 复旦大学博士学位论文，2003.

[130] 姜超. 证券分析师、内幕消息与资本市场效率——基于中国A股股价中公司特质信息含量的经验证据 [J]. 经济学（季刊），2013（1）：429-452.

[131] 姜华东，乔晓楠. 内幕交易监管、投资者交易策略与市场利益分配 [J]. 财经研究，2010，36（5）：102-112

[132] 孔东民，柯瑞豪. 谁驱动了中国股市的PEAD [J]. 金融研究，2007（10）：82-99.

[133] 雷倩华，柳建华，季华. 机构投资者、内幕交易与投资者保护——来自中国上市公司资产注入的证据 [J]. 金融评论，2011（3）：29-39.

[134] 李常青. 我国上市公司股利政策现状及其成因 [J]. 中国工业经济，

1999 (9)：22-26.

[135] 李常青，魏志华，吴世农．半强制分红政策的市场反应研究 [J]．经济研究，2010，45 (3)：144-155.

[136] 李春涛，赵一，徐欣，李青原．按下葫芦浮起瓢：分析师跟踪与盈余管理途径选择 [J]．金融研究，2016 (4)：144-157.

[137] 李捷瑜，王美今．内幕交易与公司治理：来自业绩预报的证据 [J]．证券市场导报，2008 (12)：59-66.

[138] 李胜楠，刘一璇，陈靖涵．基金在中国上市公司中发挥治理作用了吗——基于影响高管非自愿变更与业绩之间敏感性的分析 [J]．南开管理评论，2015，18 (2)：4-14..

[139] 李心丹，肖斌卿，张兵，朱洪亮．投资者关系管理能提升上市公司价值吗？——基于中国 A 股上市公司投资者关系管理调查的实证研究 [J]．管理世界，2007 (9)：117-128.

[140] 李心丹，俞红海，陆蓉，徐龙炳．中国股票市场"高送转"现象研究 [J]．管理世界，2014 (11)：133-145.

[141] 李颖，伊志宏．女性分析师更能预测股价崩盘风险吗？[J]．经济与管理研究，2017 (6)：124-136.

[142] 李志文，余佩琨，王玉涛．机构投资者与个人投资者羊群行为的差异 [J]．金融研究，2008 (6)：25-33.

[143] 林毅夫，孙希芳．信息、非正规金融与中小企业融资 [J]．经济研究，2005 (7)：35-44.

[144] 刘星，刘伟．监督，抑或共谋？——我国上市公司股权结构与公司价值的关系研究 [J]．会计研究，2007 (6)：68-75+96.

[145] 鲁桂华，张静．中国上市公司自愿性积极业绩预告：利公还是利私——基于大股东减持的经验证据 [J]．南开管理评论，2017 (2)：133-143.

［146］罗玫，魏哲．股市对业绩预告修正一视同仁吗［J］．金融研究，2016（7）：191-206.

［147］攀登，施东晖．知情交易概率的测度模型及其影响因素分析［J］．管理世界，2006（6）：18-26.

［148］潘越，戴亦一，魏诗琪．机构投资者与上市公司"合谋"了吗：基于高管非自愿变更与继任选择事件的分析［J］．南开管理评论，2011（2）：69-81.

［149］彭志，肖土盛，赵园．中国资本市场20年内幕交易行为案例综述［J］．财经研究，2017（12）：100-120.

［150］饶平贵，姜国华．机构投资者行为与交易量异象［J］．中国会计评论，2008（6）：25-33.

［151］沈冰，冉光和，盛嘉帆．基于机构投资者资金流向的知情交易行为研究［J］．财经问题研究，2012（4）：10-17.

［152］施东晖，傅浩．证券市场内幕交易监管：基于法和金融的研究［R］．上海证券交易所研究报告，2002.

［153］史永东，蒋贤锋．中国股票市场内幕交易的实证分析［C］．上海：第三届中国经济学年会会议论文集，2003.

［154］史永东，蒋贤锋．内幕交易、股价波动与信息不对称：基于中国股票市场的经验研究［J］．世界经济，2004，27（12）：11.

［155］孙淑伟，梁上坤，阮刚铭，付宇翔．高管减持、信息压制与股价崩盘风险［J］．金融研究，2017（11）：175-190.

［156］唐齐鸣，张学功．内幕交易与证券价格的有效性［J］．南方经济，2006（2）：29-37.

［157］唐雪松，马如静．内幕交易、利益补偿与控制权转移——来自我国证券市场的证据［J］．中国会计评论，2009，7（1）：29-52.

［158］田满文．股权分置改革中内幕交易和市场操纵行为研究［J］．审计与经济研究，2007（4）：103-107.

［159］王春峰，董向征，房振明．信息交易概率与中国股市价格行为关系的研究［J］．系统工程，2005（2）：62-67.

［160］汪贵浦，池仁勇，陈伟忠．中国证券市场内幕交易的信息含量及与操纵市场的比较［J］．中国管理科学，2004（4）：131-137.

［161］王磊，赵婧，李捷瑜，孔东民．信息不确定、坏消息与投资者交易行为［J］．投资研究，2011（10）：123-140.

［162］王艳，杨忠直．指令驱动市场中的信息交易概率研究［J］．华中科技大学学报，2005（10）：118-120.

［163］吴育辉，吴世农．股票减持过程中的大股东掏空行为研究［J］．中国工业经济，2010（5）：121-130.

［164］肖文亮．年度盈余预告与内幕交易相关性研究［J］．科学技术与工程，2011，11（8）：1893-1896.

［165］谢琳，唐松莲，尹宇明．内幕交易、股价操纵和大股东侵占效应——基于全流通时代定向增发事件研究［J］．科技管理研究，2011，31（3）：240-246.

［166］熊艳，李常青，魏志华．媒体"轰动效应"：传导机制、经济后果与声誉惩戒——基于"霸王事件"的案例研究［J］．管理世界，2011（10）：125-140

［167］徐欣，唐清泉．财务分析师跟踪与企业 R&D 活动——来自中国证券市场的研究［J］．金融研究，2010（12）：173-189.

［168］许静霞，王苏生，熊云．我国股票市场中的知情卖空交易现象研究［J］．中国管理科学，2016（11）：373-382.

［169］薛健，窦超．并购重组过程中的信息泄露与财富转移［J］．金融研

究，2015（6）：189-206.

［170］薛爽，蒋义宏．会计信息披露时机与内幕交易——基于年报首季报披露时差与异常超额交易量的实证研究［J］．中国会计评论，2008（2）：207-222.

［171］晏艳阳，赵大玮．我国股权分置改革中内幕交易的实证研究［J］．金融研究，2006（4）：101-108.

［172］杨熠，沈艺峰．现金股利：传递盈利信号还是起监督治理作用［J］．中国会计评论，2004（1）：61-76.

［173］伊志宏，杨圣之，陈钦源．分析师能降低股价同步性吗？——基于研究报告文本分析的实证研究［J］．中国工业经济，2019（1）：156-173.

［174］余佩琨，李志文，王玉涛．机构投资者能跑赢个人投资者吗［J］．金融研究，2009（8）：147-157.

［175］岳宝宏，孙健．控制权转移中的内幕交易者收益研究［J］．财经问题研究，2011（10）：68-75.

［176］曾庆生．公司内部人具有交易时机的选择能力吗？——来自中国上市公司内部人卖出股票的证据［J］．金融研究，2008（10）：117-135.

［177］张俊生，曾亚敏．上市公司内部人亲属股票交易行为研究［J］．金融研究，2011（3）：121-133.

［178］张萌，鲁桂华，张永坤．信息优势、机构投资者异常交易与解禁股减持［J］．管理评论，2020（3）：265-278，288.

［179］张圣平，于丽峰，李怡宗，陈欣怡．媒体报导与中国A股市场盈余惯性——投资者有限注意的视角［J］．金融研究，2014（7）：154-170.

［180］张文龙，李峰，郭泽光．现金股利——控制还是掠夺？［J］．管理世界，2009（3）：176-177.

［181］张新，祝红梅．内幕交易的经济学分析［J］．经济学（季刊），2003

（3）：71-96.

[182] 张艳. 我国证券市场泡沫形成机制研究——基于进化博弈的复制动态模型分析 [J]. 管理世界，2005（10）：34-40.

[183] 张云. 中国股票市场非法内幕交易与公司治理研究 [D]. 华中科技大学博士学位论文，2009.

[184] 张宗新，潘志坚，季雷. 内幕信息操纵的股价冲击效应：理论与中国股市证据 [J]. 金融研究，2005（4）：144-154.

[185] 张宗新，沈正阳. 内幕操纵、市场反应与行为识别 [J]. 金融研究，2007（6）：120-135.

[186] 赵西亮，邹海峰. 知情交易概率能够测度信息风险吗？——以并购公告前后的信息效应为例 [J]. 经济管理，2010（9）：139-146.

[187] 支晓强，胡聪慧，童盼，马俊杰. 股权分置改革与上市公司股利政策——基于迎合理论的证据 [J]. 管理世界，2014（3）：139-147.

[188] 周开国，应千伟，陈晓娴. 媒体关注度、分析师关注度与盈余预测准确度 [J]. 金融研究，2007（2）：110-121.

[189] 祝红梅. 资产重组中的内幕交易和股价操纵行为研究 [J]. 南开经济研究，2003（5）：60-62.

[190] 朱红军，何贤杰，陶林. 中国的证券分析师能够提高资本市场的效率吗？——基于股价同步性和股价信息含量的经验证据 [J]. 金融研究，2007（2）：110-121.

[191] 朱茶芬，姚铮，李志文. 高管交易能预测未来股票收益吗 [J]. 管理世界，2011（9）：141-188.